Christentum

Geschichte und Gegenwart

Christentum

Geschichte und Gegenwart

HONOS VERLAG

Autor: Friedemann Bedürftig
Umschlagmotive: Archiv für Kunst und Geschichte, Berlin (1); dpa, Frankfurt/Main (1);
Mauritius, Mittenwald (1); Silvestris, Kastl (1); Zefa, Düsseldorf (1)
Gesamtherstellung:
HONOS VERLAG GmbH, Köln

ISBN 3-8299-5827-7

www.honos-verlag.de

Inhalt

Religionen

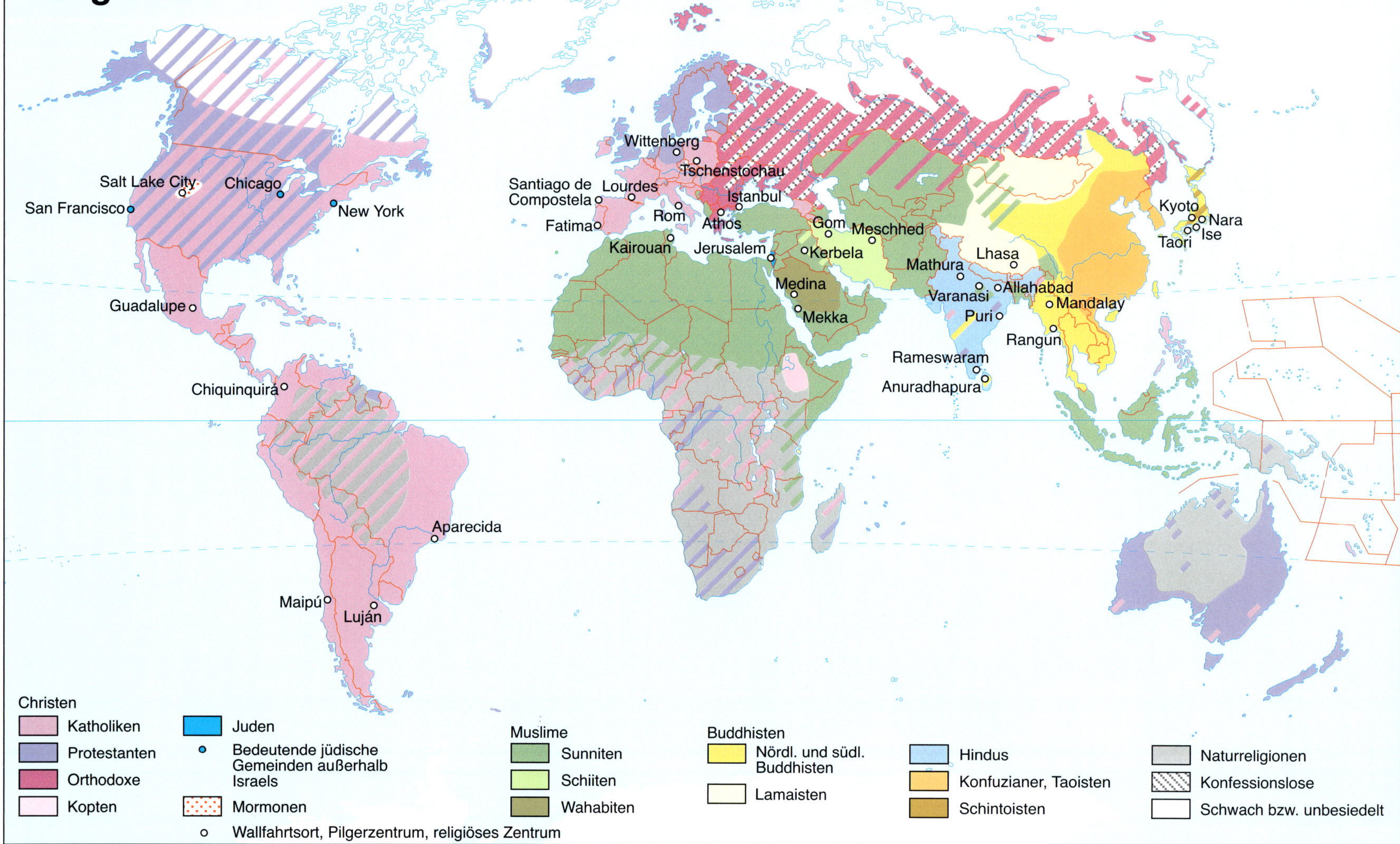

Wittenberg
Tschenstochau
Salt Lake City
Chicago
San Francisco
New York
Santiago de Compostela
Lourdes
Istanbul
Rom
Athos
Fatima
Kairouan
Jerusalem
Gom
Meschhed
Kerbela
Lhasa
Mathura
Kyoto
Nara
Ise
Taori
Medina
Mekka
Varanasi
Allahabad
Mandalay
Puri
Rangun
Rameswaram
Anuradhapura
Guadalupe
Chiquinquirá
Aparecida
Maipú
Luján
Christen
Katholiken
Protestanten
Orthodoxe
Kopten
Juden
Bedeutende jüdische Gemeinden außerhalb Israels
Mormonen
Wallfahrtsort, Pilgerzentrum, religiöses Zentrum
Muslime
Sunniten
Schiiten
Wahabiten
Buddhisten
Nördl. und südl. Buddhisten
Lamaisten
Hindus
Konfuzianer, Taoisten
Schintoisten
Naturreligionen
Konfessionslose
Schwach bzw. unbesiedelt

Mit anderthalb Milliarden Anhängern ist das Christentum die größte Religionsgemeinschaft. Europa, Australien, Nord- und Südamerika sind nahezu vollständig christlich geprägt; in Afrika und Asien gibt es starke christliche Minderheiten.

Die spirituellen Wurzeln des Christentums liegen in der jüdischen Eingottlehre (Monotheismus), die im Alten Testament überlieferten jüdischen Glaubensgrundsätze bilden einen Teil des heiligen Buches der Christen, der Bibel. Auch das Christentum geht von einem personalen Schöpfergott als Ursprung des Universums aus, der unmittelbar am Leben des Menschen als dem »Ebenbild Gottes« Anteil nimmt. Die Christen glauben an ein Jenseits, in dem der Mensch nach dem Tod in der Herrlichkeit Gottes lebt oder wegen schwerer Sünden zu ewiger Strafe verdammt ist. Für sein Seelenheil soll der Gläubige nach den Geboten Gottes und der Kirche leben, die Erlösung ist aber nicht durch eigenes Verdienst zu erlangen, dazu bedarf es göttlicher Gnade.

Gründer des Christentums ist die historische Gestalt des Jesus von Nazareth, genannt Christus (der Gesalbte Gottes), der als Prediger, Lehrer und Wundertäter zu Anfang unserer Zeitrechnung in Palästina wirkte und den Kreuzestod starb. Nach christlichem Glauben war er der Mensch gewordene Gottessohn, der durch sein Opfer am Kreuz die sündige Menschheit

Die Geburt Christi ist ein in der Kunstgeschichte häufig dargestelltes Motiv; hier vom Meister von Moulins (Jean Hey), um 1480.

Das Abendmahl spielt in der christlichen Glaubensgemeinschaft eine zentrale Rolle und stellt den Höhepunkt des Gottesdienstes dar.

erlöst hat. Sein Leben und seine Lehre sind in den Evangelien enthalten, die zusammen mit Schriften der Apostel (Sendboten Christi) das Neue Testament der Bibel bilden.

Durch intensive Missionstätigkeit der Apostel entstanden schon bald nach Jesu Tod im ganzen Römischen Reich Christengemeinden. Im Unterschied zum Judentum kennt das Christentum kein »auserwähltes Volk«, sondern billigt den Bund mit Gott im Glauben jedem Menschen zu. Diese »Internationalität« und Klassenlosigkeit des Christentums verschaffte ihm in kurzer Zeit viele Anhänger. Im 4. Jahrhundert wurde es Staatsreligion im Römischen Reich. Der Bund mit den politisch Mächtigen und der Aufbau einer effizienten Kirchenorganisation machte das Christentum zur prägenden Kraft des entstehenden Abendlandes. Es behauptete sich über den Zusammenbruch des Römischen Imperiums und die Völkerwanderung hinaus und missionierte nach den romanischen, keltischen und germanischen Völkern im Verlauf des Mittelalters auch die Slawen.

Wichtige Entwicklungen für das Christentum waren die seit dem 8. Jahrhundert andauernde Herausforderung durch den Islam und das so genannte *Schisma* von 1054, das die Christenheit in eine römisch-katholische Kirche im Westen und in eine orthodoxe im Osten teilte. Ein weiterer dramatischer Einschnitt war im 16. Jahrhundert die Reformation Martin Luthers, die die katholische Universalkirche erneut spaltete und weitere Zersplitterung in eine Vielzahl protestantischer Kirchen und Sekten brachte. Seit dem 18. Jahrhundert verlor das Christentum seine Stellung als beherrschende abendländische Ideologie und wurde in den Gesellschaften der Gegenwart zunehmend auf seine pastoralen und karitativen Anfänge zurückgedrängt. Reformbestrebungen zielen auf eine moderne Interpretation der Glaubensgrundsätze und eine Annäherung der Kirchen und Religionen im ökumenischen (weltweiten und konfessionsübergreifenden) Prozess; andererseits sind auch fundamentalistische Kräfte erstarkt, die auf ein streng dogmatisches Christentum pochen.

»Christus am Kreuz und die Heiligen Hieronymus, Franz von Assisi, der Selige Giovanni Colombini, Johannes der Täufer und Maria Magdalena«. Gemälde von Signorelli und Perugino, 1482.

I Zeitenwende

»Es begab sich aber zu der Zeit, dass ein Gebot von dem Kaiser Augustus ausging, dass alle Welt geschätzt würde ...«

Die Eingangszeilen der Weihnachtsgeschichte aus dem zweiten Kapitel des Lukas-Evangeliums sind selbst denen noch im Ohr, die schon lange keinen Gottesdienst an Heiligabend mehr besucht und fast schon vergessen haben, was da eigentlich gefeiert wird. Und mit den nüchternen und doch märchenhaft anmutenden Worten haben wir sogleich das zeitliche Umfeld im Blick, in dem die Geschichte des Christentums beginnt. Was war das für eine Welt, über die ein Kaiser einfach verfügen konnte und zu der auch das aus der Perspektive dieses Kaisers höchst entlegene Palästina gehörte, wo die Anfänge einer Weltreligion vor gut zweitausend Jahren zu suchen sind?

Es war eine politisch relativ einheitliche Welt, denn ihr Nabel war Rom, die Ewige Stadt, wie sie später genannt werden sollte, und deren Herr war auch der Herr dieser Welt. Kein Wunder, dass er Augustus »der Erhabene« genannt wurde und dass viele Prophezeiungen, es werde zu dieser Zeit der Friedensbringer und Erlöser von allen Wirren kommen, auf ihn gemünzt wurden. Solche Hoffnungen auf einen Retter von den Nöten der Zeit hatten damals Konjunktur, denn das riesige Römische Reich hatte eine Epoche des Bürgerkriegs und blutiger Kämpfe hinter sich. Es war in den vergangenen Jahrhunderten unaufhörlich gewachsen, was nur durch

Augustus, Begründer des römischen Kaisertums, bemühte sich zwar, nach außen eine Art republikanische Fassade aufrecht zu erhalten, war jedoch aufgrund geschickter Politik de facto unanfechtbarer Alleinherrscher.

Rom zur Zeit Caesars. Im Zentrum das Forum Romanum, dahinter das Kapitol. Rekonstruktion aus dem Jahre 1876.

eine ebenfalls unaufhörlich wachsende Militärmaschinerie hatte gelingen können. Aus einem Stadtstaat nach griechischem Vorbild war ein mit der Zeit ganz Italien beherrschendes Reich geworden. Es griff bald darüber hinaus, geriet in Konflikt mit anderen Großmächten wie den Karthagern (Puniern), die es besiegte und deren Erbe Rom im westlichen Mittelmeer bis hin nach Spanien antrat.

Dann wandte es sich nach Osten in die seit Alexander dem Großen (König 336–323 v. Chr.) hellenistisch geprägte Welt Kleinasiens und des Vorderen Orients. Im Jahr 63 v. Chr. nahm der römische Feldherr Gnaeus Pompeius Magnus der Dynastie der Seleukiden Syrien und Palästina ab und sorgte dafür, dass auch Ägypten in die römische Einflusssphäre einbezogen wurde. Damit war ein Weltteil in das Reich integriert worden, der mit seiner überlegenen geistigen und geistlichen Kultur auf die technische Zivilisation der Römer nachhaltig zurückwirken sollte. Den letzteren ging es aber zunächst nur um die politische Macht, die sich immer mehr in den Händen erfolgreicher Heerführer wie in denen des Pompeius ballte. Noch verstand sich das römische Gemeinwesen als Republik mit Amtsverleihung auf Zeit und Senatsherrschaft, doch schon die bloße Größe des Reiches erforderte inzwischen immer mehr Vollmachten der Militärbefehlshaber vor Ort, die zudem vor allem im Osten vom Glanz der Vorgängerreiche gekostet und monarchischen Appetit bekommen hatten.

Untergang der Republik

Das war auch bei einem Zeitgenossen und zeitweiligen Freund des Pompeius nicht anders: Gaius Iulius Caesar, zur Zeit der Siege im Osten ein ehrgeiziger Mann Ende dreißig, eiferte den Erfolgen seines Freundes nach. Er übernahm bald darauf den Oberbefehl über die römischen Legionen in Gallien, das er in jahrelangen Kämpfen bis 51 v. Chr. für Rom gewann; er stieß sogar bis nach Britannien und an den Rhein vor. Pompeius wandelte sich, nun seinerseits aufgeschreckt von Caesars wachsender Macht, zum Rivalen, der sich vom Senat zum Diktator ernennen ließ. Ein Waffengang der beiden mächtigsten Feldherren ließ sich nicht mehr vermeiden; Caesar entschied ihn 48 v. Chr. für sich und war damit unumschränkter Herrscher über das ganze Imperium. Auch er erlebte bei einem Zug nach Ägypten den Glanz orientalischer Herrschaft, und zwar gleich in doppelter Gestalt, nämlich in der Prunkentfaltung des Hofes und in der betörenden Schönheit der Königin Kleopatra. Kein Wunder, dass er in Rom in Verdacht geriet, die pro forma noch existente Republik durch ein Königtum orientalischen Zuschnitts ablösen zu wollen. Ob er dies

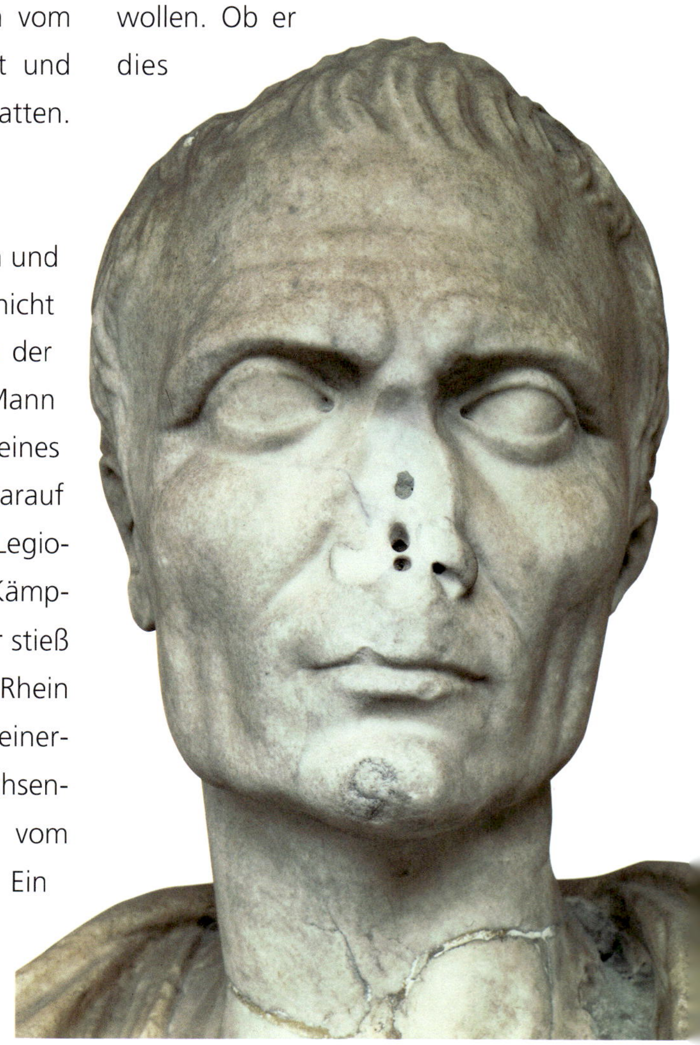

Die Schlacht bei Issos gegen die Perser (333 v. Chr.) gehörte zu einem der zahlreichen Feldzüge, um das Reich Alexander des Großen von Griechenland bis nach Indien auszudehnen.

Nach der Ermordung Caesars im Jahre 44 v. Chr. begann ein Bürgerkrieg, bei dem sich die Nachfolger möglichst große Einflussbereiche des Imperiums zu sichern versuchten.

wirklich vorhatte, darf bezweifelt werden. Der Verdacht aber genügte für eine Verschwörung gegen ihn: Am 15. März im Jahre 44 v. Chr. fiel Caesar durch Mörderhand.

Der Bürgerkrieg, der durch Caesars Sieg über Pompeius gerade beendet schien, flammte erneut auf. Caesars Adoptivsohn Oktavian tat sich mit zwei anderen einflussreichen Männern zusammen, um die Caesarmörder zu jagen. Doch selbst als diese gestellt und vernichtet waren, nahm das Blutvergießen kein Ende, denn nun brachen die Rivalitäten unter den Verbündeten auf. Erst nach mehr als einem Jahrzehnt und vielen Kräfte raubenden Kämpfen, konnte sich Oktavian durchsetzen und an die Wiederherstellung der Ordnung gehen. Eine Rückkehr zur alten republikanischen Verfassung war nach allem, was geschehen war, ausgeschlossen. Oktavian aber brachte das Kunststück fertig, den Bruch mit der Tradition so schonend zu vollziehen, dass ihm nicht nur das Schicksal seines Adoptivvaters Caesar erspart blieb, sondern dass er auch bisherige Gegner seiner Alleinherrschaft mit der Zeit für sich gewann. Im Jahr 27 v. Chr. wurde aus dem *Princeps* (dem ersten Bürger) Oktavian der Kaiser Augustus, denn mit diesem Ehrentitel war seine uneingeschränkte Macht auf Lebenszeit gesichert. Ja, er rückte in die Nähe der Götter, als er 12 v. Chr. auch noch das Amt des obersten Priesters, des *Pontifex Maximus,* übernahm.

Kein Wunder, dass er vielen Zeitgenossen und Landsleuten als Vollender der Geschichte erschien und als einer gepriesen wurde, der dauerhaften Frieden, die *Pax Augusta,* gebracht habe. Das Augusteische Zeitalter erschien vor allem im Rückblick nach schrecklichen Erfahrungen mit wahnsinnigen Despoten auf dem Kaiserthron in schier himmlischem Glanz, wozu auch eine ungeahnte Kulturblüte beigetragen hatte. Die lateinische Dichtkunst erreichte mit Männern wie Vergil, Ovid oder Horaz eine Vollendung, die sie auf Augenhöhe mit der als unvergleichlich geltenden griechischen Poesie brachte. Die Baumeister, allen voran Vitruv, setzten Maßstäbe für Jahrhunderte. Einflüsse aus allen Himmelsrichtungen machten das Imperium reich – sowohl materiell wie ideell. Es schien, als bräche die Welt zu neuen Ufern auf, im Gepäck die große Vergangenheit, im Blick eine womöglich noch weit größere Zukunft. Auch wenn sich im Nachhinein viele Hoffnungen als eitel erwiesen, so markierte Augustus doch auch für die Späteren eine Wende, die dann aber erstaunlicherweise nicht seinen, sondern den Namen eines Menschen tragen sollte, von dem die Zeit zunächst kaum Notiz nahm: Jesus Christus von Nazareth.

Man unterschied im Römischen Reich zwischen kaiserlichen und Senatsprovinzen, woran Augustus festhielt. Die Provinz Syrien, zu der Palästina gehörte, war eine kaiserliche und damit direkter Verwaltung durch den Herrscher unterstellt. Das nutzte

Der römische Dichter Vergil schreibt die Äneis zwischen den Musen Kalliope und Melpomene. Römisches Mosaik aus dem frühen 3. Jahrhundert.

Bronzeplakette des Vitruv (Vitruvius Pollio), römischer Baumeister und Ingenieur.

ein machtbewusster Mann namens Herodes (73–4 v. Chr.), der im Jahr 43 v. Chr. als Machthaber der Teilprovinz Palästina verjagt worden war und sich nach Rom abgesetzt hatte. Dort hatte er zum zehn Jahre jüngeren Oktavian beste Beziehungen geknüpft und seine Wiedereinsetzung durch den Senat im Jahre 40 v. Chr. erreicht. Der Aufstieg des römischen Freundes zum Kaiser diente natürlich auch seiner Machtfestigung, denn Rom setzte nun ganz auf ihn, sodass er in dem Judäa genannten Landesteil eine weitgehend unabhängige Position vom Statthalter der Provinz Syrien gewann und im Glanz der kaiserlichen Sonne sein jüdisches Königtum entfalten konnte, obwohl seine Familie erst seit kurzem zum Judentum übergetreten war.

»Strafpredigt Johannes des Täufers vor Herodes«. Gemälde von Giovanni Fattori, 1856.

Sadduzäer und Pharisäer

Daher war er bei strenggläubigen Juden wenig geachtet und stützte sich vornehmlich auf die Tempelpriesterschaft und den Adel, beide zu den so genannten Sadduzäern gehörend. Bei dieser Gesellschaftsschicht, die nach einem altehrwürdigen Priestergeschlecht namens *Zadok* benannt war, handelte es sich um Männer, denen es mehr um Macht als um Spiritualität ging. Sie beherrschten zwar den Opferkult im Tempel, leugneten aber zentrale jüdische Glaubensaussagen und hielten sich nicht streng an das Religionsgesetz, die in der Tora – den fünf Büchern Mose – festgelegte *Halacha*. Außerdem waren sie aus dem besagten Machtdenken heraus prorömisch eingestellt und schon deswegen beim Volk unbeliebt. Für Herodes aber hatten sie als Verbündete gerade aus diesem Grund besonderen Wert und er förderte sie zudem, weil sie die frommen, ja oftmals fanatisch eifernden Schriftgelehrten, auch Pharisäer genannt, in Schach hielten. Eine Verbeugung vor den Sadduzäern war es daher nicht zuletzt, als der König im Jahr 20 v. Chr. den Ausbau des Tempels in den Dimensionen, die er zur Zeit des weisen Königs Salomo (2. Hälfte des 10. Jahrhunderts v. Chr.) gehabt hatte, in Angriff nahm.

Der Tempel zu Jerusalem. Jüdische Buchmalerei, um 1728/1729.

I Zeitenwende

Die Regierung des Königs Salomo wurde gemeinhin als das goldene Zeitalter Israels angesehen. Hier eine Buchmalerei aus dem Jahre 1411, die Salomo als Lehrer zeigt.

Die Pharisäer waren keine Tempelfeinde, sondern nur Gegner derer, die ihn zum alleinigen Zentrum der Anbetung Gottes machen wollten, um damit ihre Macht auch geistlich zu festigen. Für die Pharisäer war Gott überall und seine Anbetung ebenfalls überall, vor allem in den verstreuten Synagogen (griechisch »Ort der Versammlung«), angezeigt. Die bloße Ausrichtung auf den für viele viel zu fernen Tempel in Jerusalem konnte zu einem Verfall der religiösen Haltung und der Treue zum Gesetz führen. Um dieses aber ging es den Gelehrten, die Gott in der Tora suchten und deren Studium über den Ritus im Tempel stellten. Sie hielten sich strikt an die Vorschriften der heiligen Bücher und entwickelten sie in Auslegung und Diskussion fort. Kern war die Verehrung des einen Gottes, der die Gläubigen, sein »auserwähltes Volk«, dereinst strafen oder belohnen werde und ihnen einen neuen Himmel und eine neue Erde schenken werde, wenn der Messias, der »Gesalbte« aus dem Stamme des Königs David, sein Reich errichtet habe.

Die Pharisäer und ihre Anhänger im Volk waren keine Römer und hatten mithin kaum einen Grund, von der römischen Fremdherrschaft und deren Kaiser die Errettung zu erwarten. Für sie war die Zeit

Mittelalterliche französische Buchmalerei. In derartigen Werken wurden biblische Szenen (hier: David, der Vater Salomos, weist auf seine Augen) künstlerisch umgesetzt.

wahrlich nicht angetan, in unmittelbarer Zukunft mit der Ankunft des von den Propheten geweissagten Messias zu rechnen, und wenn er denn kommen würde, dann stellten sie sich unter ihm einen der ihren sowie einen auch politisch-militärisch Mächtigen vor, der eben die zu beklagende fremde Herrschaft würde brechen können. Von einer Zeitenwende oder gar von einer unmittelbar bevorstehenden Ankunft des Messias träumte in Palästina, diesem randständigen Stiefkind des großmächtigen Römerreichs, sicherlich kein frommer Jude.

Hellenistische Einflüsse

Und doch dürften auch solche Menschen gemerkt haben, dass sich Veränderungen anbahnten. Palästina bildete ja die Landbrücke zwischen Kleinasien und Ägypten und war somit das wichtigste Durchgangsland in Nahost für Händler, Heere und Heilslehren. Das galt in besonderem Maße, seit Alexander der Große mit seinen Eroberungen im 4. Jahrhundert v. Chr. den Einfluss der griechischen Kultur weit nach Osten und eben auch bis Ägypten ausgedehnt hatte. Durch seine Reichsgründung und die von griechischen Dynastien beherrschten Nachfolgestaaten kam es zwar immer wieder zu kriegerischen Verwicklungen, aber in ihrem Gefolge auch zu einem regen Kulturaustausch, und Palästina lag im Schnittpunkt der Ideenströme. Wenn auch das orthodoxe Judentum sich als weitgehend unempfindlich für andere spirituelle Modelle erwies, so ließen sich sprachliche und philosophische Impulse doch nicht gänzlich ignorieren und erfassten weniger religiös orientierte Teile der jüdischen Oberschicht. Umgekehrt wirkte der messianische Ein-Gott-Glaube der Juden auf die Gebildeten in den anderen hellenistischen Ländern.

Die unübersehbare Zahl der griechischen (olympischen) Götter und übersinnlichen Wesen stieß beispielsweise auf einen nicht weniger bevölkerten Götterhimmel der Ägypter. Das führte zu Bemühungen um Verschmelzungen der Figuren, aber auch ihrer Eigenschaften. Zugleich wuchs die Einsicht, dass die Vielfalt Ausdruck eines höchsten Prinzips sein müsse, das nur in wandelnder Gestalt erscheine. Die Verehrung gelte mithin weniger dem Namen als dem Wirken der Gottheit; es sei daher zweitrangig, zu welcher man bete, wem man opfere oder wessen Feste man feiere. So entstanden zum Beispiel Kulte um das Mysterium der Fruchtbarkeit, wobei auf gleiche Weise unterschiedliche Götter von Griechenland bis Ägypten gefeiert wurden. Die Anhänger der meist geheimen Kulte, daher Mysterienkulte genannt, vollzogen ähnliche Riten, hatten gemeinsame Erkennungszeichen und trafen sich zu ausschweifenden Festen. Das ging so weit, dass zuweilen die Behörden einschritten, etwa im Falle des Kultes um Dionysos (römisch: Bacchus), ebenfalls ein Gott der Fruchtbarkeit, aber zugleich einer der Ekstase und des Rausches.

Dionysos war der griechische Gott der Fruchtbarkeit. Da er gleichzeitig als Schutzgott des Weines und des Efeus galt, wird in Darstellungen auf beide Elemente häufig Bezug genommen, so wie hier auf einem Gemälde von Jan van Dalen aus dem 17. Jahrhundert. Der Dionysos-Kult zeichnete sich durch Ausgelassenheit und Zügellosigkeit aus, dessen ekstatische Rauschhaftigkeit konnte schon fast religiöse Züge annehmen.

Sehr einflussreich wurde der aus Persien stammende Kult um den Sonnen- und Erlösergott Mithras. Legionäre verbreiteten seine Verehrung über das ganze römische Reich, denn er galt auch als Gott des Sieges. Er wurde mit dem griechischen Gott Apoll (römisch: Apollo) identifiziert, und nur Männer durften ihm dienen. Sie entwickelten geheimnisvolle Bräuche wie das blutige Stieropfer, richteten Verehrungsstätten (Mithräen) bevorzugt in dunklen Grotten und unterirdischen Gewölben ein.

Schwierige und schmerzhafte Prozeduren sowie bereits eine Art Taufe musste über sich ergehen lassen, wer Mitglied in der verschworenen Gemeinschaft der Mithrasjünger werden wollte. Dieser Gott verlangte ausschließliche Verehrung und trug damit bereits Züge einer Eingottlehre (Monotheismus); seine Geburt wurde am 25. Dezember gefeiert, also zur Zeit der Wintersonnenwende wie später das Weihnachtsfest. Möglicherweise geht das christliche Abendmahl auf den Mithrasbrauch des regelmäßigen gemeinsamen Speisens der Männergemeinde zurück.

Ganz im Gegensatz zu Dionysos galt Apoll als Gott des Lichtes, der Dichtung und Musik und erscheint daher oft als Bogenschütze und Helfer im Kampf. Er war der erste von den Römern übernommene griechische Gott und unter Augustus Schutzgott des Kaisers.

Auch ägyptische Götter und Göttinnen wie Isis machten im römischen Reich Karriere und erhielten Kultstätten bis nach Britannien. In Isis verehrten die Ägypter die Tochter des ältesten Götterpaares Geb (Erde) und Nut (Himmel), sie war Schwester und Gemahlin von Osiris, den der Bruder Seth ermordete und zerstückelte. Isis sammelte die Leichenteile ein und setzte sie zur Beerdigung wieder zusammen. Vorher zeugte der tote Bruder mit ihr noch den Gott Horus, der mit dem jeweils herrschenden Pharao identifiziert wurde. Starb der König, galt sein Nachfolger als neuer Horus, während er selbst als Osiris weiter verehrt wurde. Vielleicht gewann Isis besondere und so weit reichende Verehrung, weil sie in den unruhigen Zeiten als Verkörperung der treuen Gattin und der beschützenden Mutter gefährdete Ideale repräsentierte.

Im Zentrum vieler der oben nur angedeuteten Mysterienkulte stand der oft als besonders grässlich ausgemalte Tod des Gottes – zum Beispiel Dionysos, der von Bauern zerrissen wurde. Diese neuen Züge in den Kulten dienten Auferstehungsmythen, die den geweihten Anhängern sagen sollten, ihr Gott habe für sie stellvertretend den Tod überwunden. Wer das für die Seinen tue, der werde ihnen auch bei weniger schweren Nöten beistehen. Das galt natürlich in besonderem Maße, je inniger der Gläubige mit dem Gott verbunden war. Und wie gemeinsame Mahlzeiten Gastgeber und Gastfreund einander näher bringen, so entstand der Brauch des rituellen Speisens mit dem herbeibeschworenen Gott. Nur einen Schritt war es da zur noch tieferen Verbindung, bei der die Anwesenheit Gottes in der Speise angenommen wurde, er also selbst verzehrt oder buchstäblich verinnerlicht wurde (Theophagie).

Eine letzte wichtige spirituelle Zeitströmung ist zu erwähnen, damit die geistliche Weltsicht zur Zeitenwende sichtbar wird: die *Gnosis*. Das griechische Wort bedeutet zunächst einfach »Erkenntnis« und meint das denkerische Weltverstehen. Da dies nie zur völligen Zufriedenheit gelingt und letzte Fragen nach Gott, nach dem Woher der Welt und nach ihrem Sinn und Ziel offen bleiben, schlug philosophisches Grübeln immer wieder um in religiöse, esoterische Spekulation. Es ging in frühen gnostischen Zirkeln ähnlich zu wie in den Mysterienkulten, da nur magische Praktiken eine Überwindung der natürlichen Begrenztheit des denkerischen Erkennens versprachen. Natur als das Materielle galt den Gnostikern ohnedies als das zu Überwindende, weil die im Leiblichen gefangene menschliche Seele ihre Unsterblichkeit riskiere, wenn ihr die Befreiung nicht glücke. Dazu sollten allerlei Zaubereien und magische Zahlen, kosmische Symbole und Beschwörungen verhelfen, aber auch asketische Selbstdisziplin und Versenkung ins göttliche Geheimnis. Dies war natürlich nur Eingeweihten, den so genannten Mysten, möglich. Das einfache Volk hielt sich an Horoskope, Aberglauben, Traumdeutung und Techniken zur Austreibung von Dämonen. Überhaupt war Wundergläubigkeit wie immer in Phasen großer Verunsicherung ein typisches Zeitzeichen.

Die ägyptische Stele des Kamose aus der Zeit der 20. Dynastie um 1200 v. Chr. zeigt, wie die Göttin des Sykamore-Baums dem toten Kamose Wasser reicht, während dieser Osiris, Horus, Isis und Hathor opfert.

II Der Nazarener

»Ich bin der Weg, die Wahrheit und das Leben; niemand kommt zum Vater denn durch mich«, sagt Jesus laut Vers 5 im 14. Kapitel des Johannesevangeliums. Das meint natürlich die Nachfolge oder die Lebensgestaltung in Jesu Sinn, eine in den Weltreligionen einmalige Weisung, denn selbst in der anderen großen Stifterreligion, dem Islam, ist nicht Mohammed der »Weg« zu Allah, sondern dessen im Koran niedergelegtes und von, ja vor allem Anfang an existierendes und gültiges Wort. Jesus stellt sich dagegen ausdrücklich nicht in eine Reihe mit den Propheten des Alten Testaments und steht auch nicht an deren Ende wie Mohammed, sondern als ein gänzlich anderer und für etwas gänzlich anderes. Er ist als Christus oder Messias (lateinisch und hebräisch: der [zum Gottkönigtum] Gesalbte) personal die Erlösung und der Weg dorthin. Der italienische Religionsphilosoph Romano Guardini (1885–1968) formulierte es so: »Die Person Jesu Christi in ihrer gesellschaftlichen Einmaligkeit und ewigen Herrlichkeit ist selbst die Kategorie, welche Sein, Tun und Lehre des Christlichen bestimmt.« Christentum verstehen heißt mithin, Jesus von Grund auf kennen zu lernen, als Lehrenden, aber auch als Lebenden, als historische Persönlichkeit, um die es in diesem Kapitel gehen soll.

Skeptiker weisen in diesem Zusammenhang gern darauf hin, dass man über den Menschen Jesus Genaues gar nicht wisse, weil die Hauptquellen, die Evangelien, von Anhängern verfasst wurden, denen es um Glorifizierung und nicht um exakte Porträts ging. So richtig der Einwand ist, so sehr unterschätzt er die Möglichkeiten moderner Textkritik. Es sind in den letzten Jahrhunderten eine ganze Reihe Bücher über den historischen Jesus erschienen, die in Einzelheiten zu unterschiedlichen Ergebnissen kommen, im Kern aber ein und dieselbe Person schildern. Es ist zudem nicht so, dass nur die Evangelien des Neuen Testaments Nachrichten vom Erdenleben Jesu enthalten, sondern auch eine Anzahl weiterer Texte, die man als *apokryph* (griechisch: »verborgen«) nicht in die Bibel aufgenommen hat, die aber zu Vergleichszwecken herangezogen werden können und wertvolle Aufschlüsse liefern. Die hier folgende Skizze des Lebenswegs Jesu orientiert sich an den neuesten Veröffentlichungen, die bereits die 1967 in der Ruinenstätte Qumran aufgefundenen Schriftrollen für die Schilderung des jüdischen Alltags und des Zeitgeists auswerten konnten.

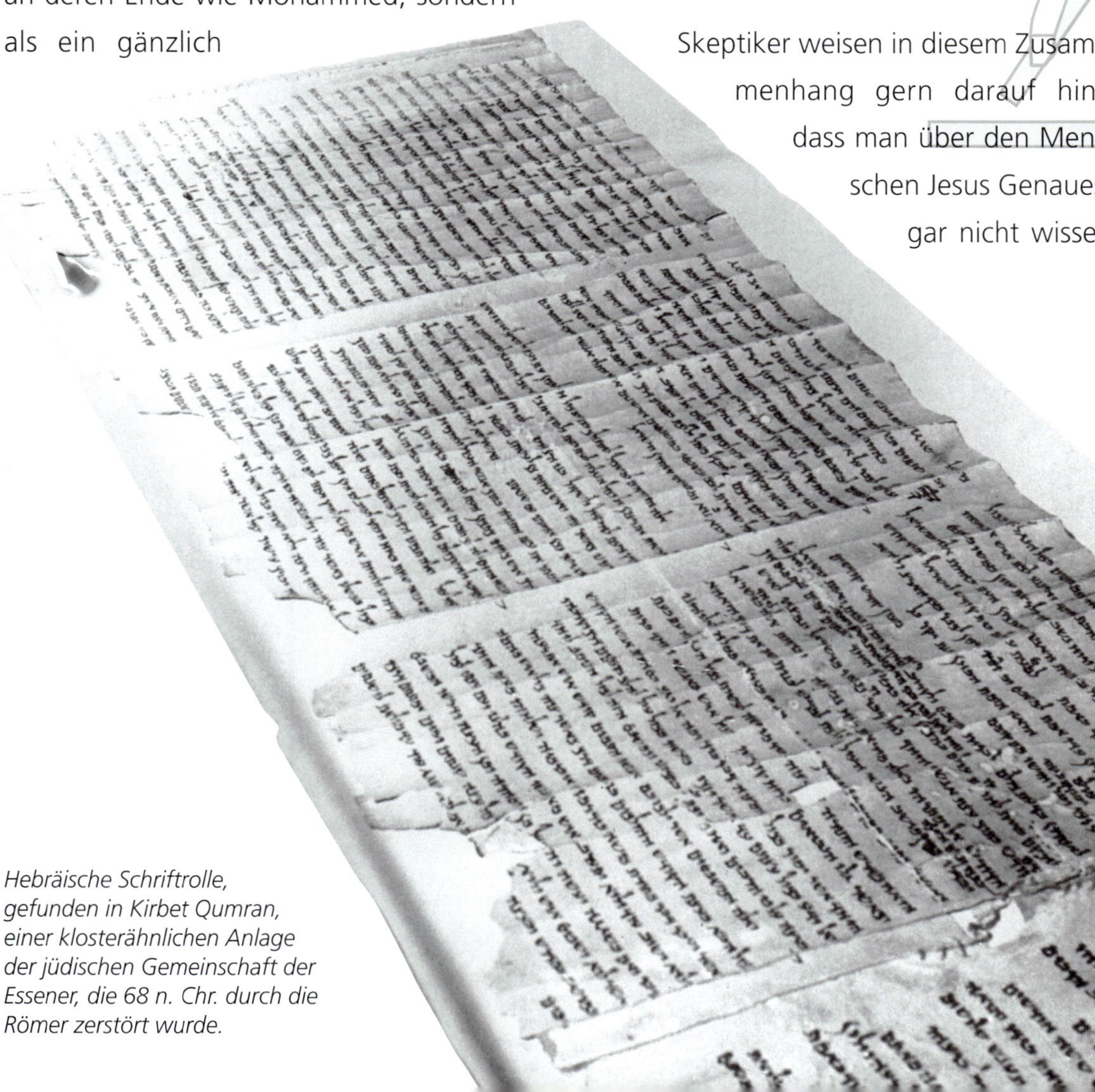

Hebräische Schriftrolle, gefunden in Kirbet Qumran, einer klosterähnlichen Anlage der jüdischen Gemeinschaft der Essener, die 68 n. Chr. durch die Römer zerstört wurde.

Jugend

Schon früh sind Berechnungen angestellt worden über den Zeitpunkt der Geburt Jesu. Als falsch, aber bis heute haltbar erwies sich das Ergebnis des zu Beginn des 6. Jahrhunderts lebenden römischen

Mönchs Dionysius Exiguus. Nach ihm wurde die Zeitenwende festgelegt, die zur Angabe der Jahre vor und nach Christi Geburt (v. oder n. Chr.) dient, obwohl besagte Geburt mindestens vier, vermutlich aber sechs Jahre früher anzusetzen ist. Übereinstimmung nämlich herrscht darüber, dass sie in die Endphase der Regierung von König Herodes fiel, und dessen Tod im Jahr 4 v. Chr. ist exakt bekannt. Mit diesem König, dessen Verfolgungswahn sich sogar an den eigenen Kindern austobte, soll es zudem folgende Bewandtnis gehabt haben: Ihm wurde hinterbracht, dass in Bethlehem der künftige König geboren worden sei, weswegen er alle männlichen Kinder in dieser Stadt umbringen ließ; Jesu Eltern waren allerdings beizeiten mit dem Sohn nach Ägypten geflohen. Kindermord durch einen Tyrannen ist in der Antike nicht selten, konkreter Hintergrund aber dürften hier die Wirren und Aufstände sein, die beim Tod des Herodes ausbrachen. Da Jesus zu dieser Zeit noch Kleinkind war, liegt eine Datierung seiner Geburt auf das Jahr 6 v. Chr. oder bald danach nahe.

Natürlich hielten die Evangelisten Informationen für besonders wichtig, die schon früh auf Jesu Ausnahmestellung hinwiesen. Dazu gehört auch die Geburt durch eine Jungfrau, ein Wunder, das auch aus anderen Kulten berichtet wird und dem

Französische Buchmalerei (um 1490), die den bethlehemitischen Kindermord auf eindrucksvoll grausame Weise illustriert.

vielleicht ein Übersetzungsfehler in der griechischen Fassung des Alten Testaments, der so genannten *Septuaginta,* zugrunde liegt; dort wurde aus einer jungen Frau, die ein Kind bekommt, eine Jungfrau. Für den Knaben Jesus (damals Jeschua gesprochen), benannt nach Josua, dem Nachfolger des Mose beim Zug der Kinder Israels aus Ägypten nach Kanaan, dürfte die Frage ebenso wenig eine Rolle gespielt haben wie die nach seiner Abstammung vom legendären König David. Auch hier hat den Evangelisten die Überlieferung die Feder geführt, nach der der geweissagte Messias aus dem Hause König Davids kommen werde.

Dabei konstruierten sie eine Geschlechterfolge von David bis zum gesetzlichen Vater Joseph, mit dem Jesus, akzeptiert man die Jungfrauengeburt und die Zeugung durch den Heiligen Geist, gar nicht verwandt war. Einer von so manchen Widersprüchen, über die sich die Evangelisten souverän hinwegsetzten. Vielleicht erblickte Jesus daher auch nicht in Bethlehem, dem Geburtsort Davids, das Licht der Welt, sondern doch in Nazareth, wo die Familie zu Hause war und weswegen er später oft als Jesus von Nazareth oder als der Nazarener bezeichnet wurde. Für die Annahme beim Evangelisten Lukas, die Eltern seien wegen einer Volkszählung nach Bethlehem gezogen, wo das Kind geboren wurde, gibt es keine anderen Anhaltspunkte.

Doch auch das darf dahingestellt bleiben. Schon eher war der Beruf des irdischen Vaters von Bedeutung, denn Jesus als ganz offenbar ältester Sohn von Joseph und Maria wird dann, wie es der Brauch war, auch den Beruf des Zimmermanns erlernt haben, damals ein besonders angesehenes Handwerk; Zimmerleute und Tischler galten als sprichwörtlich klug. Jesus hat sicher auch die väterliche Werkstatt übernommen, denn der Vater starb wohl früh. Von Mutter und Geschwistern (vier Brüder, mindestens zwei Schwestern) hören wir immer wieder, von Joseph zum letzten Mal bei der Vorstellung des zwölfjährigen Jesus im Jerusalemer Tempel, bei der ihm seine Religionsmündigkeit *(Bar Mizwa)* bestätigt wurde. Obwohl die Evangelien, vor allem die apokryphen wie das Thomasevangelium, bereits vom jungen Jesus Wunderdinge berichten, kann als gesichert allenfalls gelten, dass er äußerst aufgeweckt und lernbegierig war. Das nämlich bestätigte sich später, als sich der frühere einfache Handwerker bei Disputen mit Schriftgelehrten als sehr gut vertraut mit den heiligen Schriften und dem Religionsgesetz *(Halacha)* erwies. Die mehrmals erwähnte ehrfurchtsvolle Anrede *Rabbi* (hebräisch: mein Meister) spricht ebenfalls dafür.

Ansicht von Nazareth um 1880.

II Der Nazarener

Aufbruch

Wann Jesus sich entschloss, Familie und Beruf hinter sich zu lassen und seine Lehrtätigkeit zu beginnen, ist nicht genau zu bestimmen. Sicher ist, dass am Anfang seine Taufe durch einen Wüstenprediger namens Johannes stand, und dass dies zwischen den Jahren 27 und 29 n. Chr. geschehen sein muss. Es ist mehr als eine Vermutung, dass eben jener Johannes auch der Auslöser für Jesu Aufbruch gewesen ist, denn Johannes predigte das Kommen eines weit größeren als er selbst es war, und das entsprach der Sendung, die Jesus als die seine empfand. Es mag in Nazareth darüber manches Gespräch gegeben haben, wohl eher kontroverse Unterhaltungen, denn Jesus zog einen ziemlich brüsken Strich der Trennung zu seiner Familie, von der er Zeit seines öffentlichen Wirkens nicht viel wissen wollte. Seine Verwandten zweifelten wohl an ihm oder hielten ihn sogar für einen Fantasten. Bekannt zu ihm haben sich die Brüder erst nach Jesu Tod.

Es gibt einen Bericht eines außertestamentlichen Evangeliums, wonach Jesus den Vorschlag seiner Mutter und seiner Brüder, sich von Johannes taufen zu lassen, schroff von sich gewiesen habe: »Was habe ich gesündigt, dass ich hingehe und mich von ihm taufen lasse?« Die Taufe nämlich, um derentwillen die Menschen in Scharen zu Johannes an den Jordan zogen und von der wir auch aus römischen Quellen wissen, versprach den reuigen Menschen das Abwaschen und damit die Vergebung ihrer Sünden, wenn sie aufrichtig zur inneren Umkehr entschlossen waren. Das sei, so Johannes, in dieser Zeit von besonderer Dringlichkeit, denn Gottes Strafgericht stehe unmittelbar bevor, wenn der, den er ankündigte, gekommen sein werde.

Die Spione des damals in der Region (des heutigen Nordostisraels) regierenden Königs Herodes Antipas machten eifrig Meldung von den aufrührerischen Reden des Täufers, bis die Sache dem Herrscher zu brisant wurde und er Johannes festnehmen und umbringen ließ. Da aber hatte dieser nach dem Bericht der Evangelien bereits den getauft, der als Sündeloser Taufe eigentlich nicht brauchte. In den Berichten von der Taufe Jesu wird daher eifrig versucht, das Ganze in seinem Fall nicht als Sündenvergebung, sondern eher als Offenbarung der Sendung Jesu darzustellen. An

»Die Predigt Johannes des Täufers«. Gemälde von Giovanni Battista Gaulli, gen. Baciccia, um 1690.

einer Stelle weigert sich Johannes sogar, Jesus zu taufen, und tut es erst, als ihm dieser das befiehlt. Der Grund: In dem Moment habe sich der Himmel aufgetan und der Heilige Geist in Gestalt einer Taube sei auf Jesus niedergefahren, wobei eine Stimme erklang: »Du bist mein lieber Sohn, an dir habe ich Wohlgefallen« (Markus 1, 11). Einige übersetzen auch »nur an dir«, zur Betonung, dass die Taufe nichts als ein himmlisches Zeichen dafür gewesen sei, dass an Jesus, mit Goethes Faust gesprochen, »die Liebe gar von oben teilgenommen« habe.

Das sind natürlich Ausschmückungen der Schreiber, denen es um die Gottessohnschaft Jesu ging, wobei die Hallstimme durchaus einen realen Hintergrund haben kann. Bei solchen ekstatischen Veranstaltungen wie den Massentaufen, die Johannes am Jordan in der Wüste durch Untertauchen des ganzen Menschen im Fluss vornahm, kommt es immer wieder zu Visionen und Sinnestäuschungen, die eilends als real weitererzählt und vom wundergläubigen Publikum begierig aufgenommen werden. In diesem Fall hat das viel für sich, denn was die Stimme laut Evangelist gesagt hat, hörte sich für die Anwesenden ganz wie ein Vers des Propheten Jesaja (42, 1) an: »Siehe, das ist mein ... Auserwählter, an dem meine Seele Wohlgefallen hat.« Und vielleicht hat jemand aus der Menge tatsächlich laut gerufen; das rufende Zitieren von Bibelstellen war nicht unüblich.

Auf dem Weg zu den Menschen

Wie auch immer, übereinstimmend gilt in allen Quellen die Begegnung mit Johannes am Jordan als Beginn des öffentlichen Wirkens Jesu. Dabei zeigte es sich, dass er sich

Im Alten Testament gilt die Taube als Symbol des Friedens, im Neuen Testament daneben als Symbol der Aufrichtigkeit und der Sanftmut. Sie wird oft, wie in diesem Gemälde von Veronese, mit Gottvater in Verbindung gebracht.

Rituelle Waschungen zur Erlangung innerer Reinheit sind schon in antiken Mysterienkulten bezeugt und waren Vorbilder für die Taufe.

II Der Nazarener

Das Gemälde von Fra Angelico aus dem 15. Jahrhundert zeigt die Taufe Christi.

nicht am asketischen Konzept des Wüstenpredigers orientierte und diesen auch mehrfach als bloßen Vorläufer und Ankünder bezeichnete, während er selbst der Verkünder und der Verkündete sei, mit dem das Gottesreich schon vor dem Ende aller Tage in die Zeit und die Welt gekommen sei.

Jesus zog sich nach der Rückkehr vom Fluss in seine Heimat Galiläa nicht in die Einsamkeit zurück, sondern ging auf die Menschen zu. Er rief sie nicht zu sich wie Johannes, sondern kam auf sie zu, suchte sie in ihren Nöten und Leiden auf. Jesus darf nun allerdings nicht als Umstürzler oder Gesellschaftsrevolutionär verstanden werden, wie er von einigen Zeitgenossen gesehen wurde und wie es Herodes Antipas argwöhnte. Auf die Fangfrage, ob man dem Kaiser Steuern zahlen solle, ließ sich Jesus eine Münze zeigen, wies auf das Kaiserbildnis und sprach: »So gebt dem Kaiser, was des Kaisers ist, und Gott, was Gottes ist!« (Matthäus 22, 21).

Dennoch kümmerte er sich in den Augen der Etablierten auffällig, ja verdächtig intensiv um die Mühseligen und Beladenen, die Ausgegrenzten und Sünder. Man warf ihm Freundschaft mit Huren und korrupten Zöllnern vor, also mit den verächtlichsten Menschen der Gesellschaft. Das aber lag gerade in der Logik seiner Botschaft der Nächstenliebe und der Hilfe für die, die sie am nötigsten brauchen. Und er stellte sich in eine Reihe mit ihnen, als er sagte: »Was ihr getan habt einem von meinen geringsten Brüdern, das habt ihr mir getan« (Matthäus 25, 40). Gegen die frömmlerische Kritik an seiner Gemeinschaft mit den Sündern, stellte er fest: Der Gesunde hat keinen Arzt nötig und der Gerechte oder der, der sich dafür hält, kann auf Vergebung verzichten oder meint auf sie verzichten zu können. Jesu Hilfe bestand nur aus der Zuwendung, dem

Die Szene dieser Buchmalerei aus dem 12. Jahrhundert zeigt Johannes den Täufer vor Herodes Antipas.

Ernstnehmen von Leid und Not. Materielle Güter hatte er nicht zu bieten, und das war in seinem Sinne, denn nichts stellt eine höhere Hürde auf dem Weg zu Gott dar als der Besitz und schlimmer noch das habgierige Streben danach (Matthäus 6, 24 und Markus 10, 25):

»Niemand kann zwei Herren dienen: entweder er wird den einen hassen und den anderen lieben, oder er wird an dem einen hängen und den anderen verachten. Ihr könnt nicht Gott dienen und dem Mammon.«

»Es ist leichter, dass ein Kamel durch ein Nadelöhr gehe, als dass ein Reicher in das Reich Gottes komme.«

Unheimlich war in maßgeblichen Kreisen auch die radikale Lehre, nach der man sogar seine erbittertsten Gegner lieben und friedfertig um jeden Preis sein solle. Das widersprach heftig dem Bild, das sich die Juden vom Messias gemacht hatten. Von ihm erhofften sie sich gerade die Befreiung von der Herrschaft der Römer, und dass dies gegen deren massive militärische Macht ohne Gewalt passieren könnte, war schlechterdings nicht vorstellbar. Insofern versündigte sich Jesus nach herrschender Ansicht an der jüdischen Heilserwartung, wenn er ausführte (Matthäus 5, 38 und 43/44):

»Ihr habt gehört, dass gesagt ist: ›Auge um Auge, Zahn um Zahn.‹ Ich aber sage euch, dass ihr nicht widerstreben sollt dem Übel, sondern wenn dich jemand auf deine rechte Backe schlägt, dem biete die andere auch dar.«

»Ihr habt gehört, dass gesagt ist: ›Du sollst deinen Nächsten lieben und deinen Feind hassen.‹ Ich aber sage euch: Liebt eure Feinde und bittet für die, die euch verfolgen.«

Für viele waren das unerhörte Umdeutungen, ja Verfälschungen der unabänderlich geltenden Schrift. Doch das war nur die eine Seite der Verkündigung Jesu, auf der anderen stellte er sich uneingeschränkt auf die Seite des jüdischen Religionsgesetzes. Seine Lehre richtete sich gegen die buchstäbliche Auslegung des Gesetzes, die er seinerseits als Verfälschung ansah. Diese Kritik stammt nicht erst von Jesus und blieb auch nicht auf ihn beschränkt, sondern kehrt in der jüdischen Geschichte immer wieder. Buchstabenglaube schleppt aus dieser Sicht zum einen Unzeitgemäßes mit

Die Herrschaft der römischen Besatzungsmacht basierte auf dem kompromisslosen Niederschlagen von Aufständen.

und er entmündigt zum anderen den Gläubigen als moralisches Subjekt. Wenn daher die besonders frommen Pharisäer Jesus vorhielten, dass er die gebotene Sabbatruhe nicht einhalte, so hält er ihnen entgegen: »Der Sabbat ist um des Menschen willen gemacht und nicht der Mensch um des Sabbats willen« (Markus 2, 27). Bei richtigem Verständnis der im Gesetz gegebenen Wegweisungen aber steht Jesus als Jude fest auf dessen Boden und bekräftigt (Matthäus 5, 18–20):

> *»Denn wahrlich ich sage euch: Bis Himmel und Erde vergehen, wird nicht vergehen der kleinste Buchstabe noch ein Tüpfelchen vom Gesetz, bis alles geschieht. Wer nun eines von diesen kleinsten Geboten auflöst und lehrt die Leute so, der wird der Kleinste heißen im Himmelreich; wer es aber tut und lehrt, der wird groß heißen im Himmelreich.«*

In solchen kurzen, klaren und keinen Widerspruch duldenden Aussagen fasste Jesus seine Ansichten zusammen oder goss sie in bildkräftige Gleichnisse. Seine unerschütterliche Glaubensgewissheit zog die Menschen an. Die verglichen mit Johannes klarere Sicht von der Güte Gottes trotz des bevorstehenden Gerichts und Jesu Aufforderungen, diese Liebe von ganzem Herzen zu erwidern, bewegte seine Zuhörer tief und einige so sehr, dass sie ihrerseits Familie und Beruf aufgaben und Jesus als Jünger folgten. Es dürften sicher mehr als »die Zwölf« gewesen sein, von denen immer wie von den zwölf Söhnen Jakobs und den nach ihnen benannten zwölf Stämmen des alten Israels die Rede ist. Gemeint ist wohl nur der engste Kreis, in dem Simon Bar Jona, genannt Petrus, der zuerst von Jesus berufene Jünger, die Rolle des Ersten unter Gleichen spielte. Er stand Jesus auch menschlich nahe, der im Haus des Petrus bei Kapernaum, dem heutigen Tell Hum am See Genezareth, seine ersten Wundertaten vollbrachte wie die Heilung der kranken Schwiegermutter Petrus' und anderer Hilfesuchender. So wurde die Gegend zum Zentrum seiner Verkündigung.

Pharisäer

Jesus in Jerusalem

Es war dies aber ein Gebiet, das zum Herrschaftsbereich des Herodes Antipas gehörte, der schon mit Johannes kurzen Prozess gemacht hatte. Da Jesus nun die frommen Pharisäer mit seiner Kritik, dass sie das Gesetz über die Menschlichkeit gestellt hätten, gegen sich aufgebracht hatte, fehlte es ihm an Rückhalt unter den meinungsführenden Gelehrten. Sie verfolgten Jesu Weg mit Argwohn, und wenn sie ihn auch nicht vernichten wollten, so störte er doch ihr Deutungsmonopol über die heili-

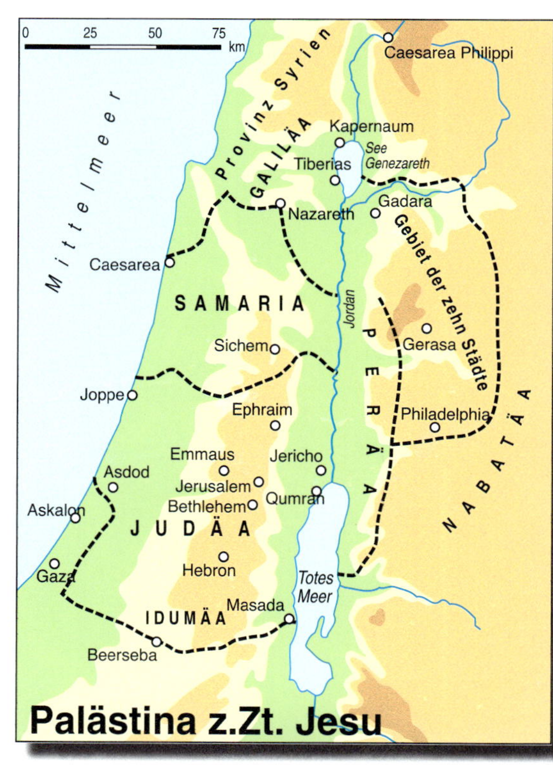

Palästina z.Zt. Jesu

gen Schriften. Sie legten daher seine Äußerungen gern als aufrührerisch aus und seine Taten als Gefahr für die Ordnung. Mit Wundern wie Heilungen von Blinden und Lahmen, Austreibungen von Dämonen und unerhörterweise auch der Erweckung von Toten verhöhne er die Schöpfung, über die allein Gott die Herrschaft gebühre. Ihre Berichte darüber beunruhigten auch die politische Führung, die sich Sorgen machte, dass eine derartige Volksbewegung nicht mehr zu kanalisieren wäre.

Auch wenn wir die Wunderberichte vielfach nur zeichenhaft zu verstehen haben und als Verdeutlichungen des Eintritts des Göttlichen ins Irdische, so ist doch unverkennbar, dass die meisten Zeitgenossen die Nachrichten als wahr angenommen haben. Besonders spektakuläre »Wunder« finden nur zu gern Glauben bei denen, die keine andere Hoffnung mehr auf den Ausweg aus Miseren und Leiden sehen. Jesu Wunder gaben den Menschen seiner Zeit ohne Zweifel die Hoffnung zurück, und selbst das ist ja bereits Wunder genug. Diese Hoffnung speiste und speist sich aus seiner Versicherung, dass er beim Vater für uns bittet und mit den Wundern zeigt, dass das Bitten schon hier und jetzt Erfolg hat. Wer solches glaubhaft zu machen imstande war, dem war kein Ding unmöglich, auch nicht das Rütteln an der staatlichen Ordnung. Deswegen geriet Jesus bald in Gefahr.

Die zwölf Jünger, die Jesus aus der Schar seiner Anhänger auswählte, stehen in Bezug zu den zwölf Stämmen Israels.

Wie lange es gedauert haben mag, ehe sein Wirken höheren Orts zu Irritationen führte, ist strittig. Nach dem Zeugnis aller Quellen kann ein Zeitraum zwischen einem Jahr und drei Jahren angenommen werden vom Beginn der Tätigkeit als Wanderprediger und -heiler bis zum Tod. Jedenfalls wuchs Jesu Gefolgschaft sehr rasch und der Argwohn der Herrschenden steigerte sich entsprechend. Bald kam Jesus zu Ohren, dass der König ihm nachstellen ließ, weil er ihn für den auferstandenen Johannes den Täufer hielt. Jesus sah sich daher genötigt, Herodes wissen zu lassen, dass er sein Herrschaftsgebiet in Kürze verlassen und in die Hauptstadt ziehen werde, »denn«, so sagte er in Vorahnung seines Leidensweges, »es geht nicht an, dass ein Prophet umkomme außerhalb von Jerusalem« (Lukas 13, 33). Außerdem wollte Jesus am Passahfest, das der Erinnerung an die Errettung der Israeliten aus ägyptischer Sklaverei gewidmet ist, teilnehmen, an dem gläubige Juden gern den Tempel aufsuchten.

Sein Einzug in der Stadt gestaltete sich vielleicht nicht so Aufsehen erregend, wie es die Evangelien berichten, doch für die Behörden wohl noch beunruhigend genug. Als Jesus dann im Tempel zu lehren begann, stellten ihn sadduzäische Funktionäre zur Rede, woher er das Recht dazu nähme. Er erwiderte wie so oft mit einer Gegenfrage, ob denn die Fragenden mein-

Einzug Jesu in Jerusalem. Holzschnitt, um 1860.

ten, Johannes habe das Recht zu taufen vom Himmel erhalten oder von irgendwelchen Würdenträgern. Dabei blieb es zunächst, denn die Anhängerschar Jesu ließ es nicht geraten erscheinen, zu sehr auf das Hausrecht zu pochen. Der nächste Zusammenstoß aber war somit vorhersehbar, und er ließ dann die Situation eskalieren: Wie bis heute Wallfahrtsstätten und Heiligtümer oft auch Orte schwunghaften Handels sind, so war dies auch damals der Jerusalemer Tempel. Jesus sah es mit wachsendem Missvergnügen, und schließlich platzte ihm der Kragen: »Und er ging in den Tempel und fing an, die Händler auszutreiben und sprach zu ihnen: Es steht geschrieben: ›Mein Haus soll ein Bethaus sein‹; ihr aber habt es zur Räuberhöhle gemacht« (Lukas 19, 45/46).

Verrat

Das war schon mehr als Amtsanmaßung, das war geeignet, die Autorität der Sadduzäer zu untergraben. Die Tempelwache erhielt Anweisung, dem selbst ernannten Richter über die Gebräuche im Gotteshaus in den Arm zu fallen. Die Ordnungshüter aber kamen in diesem Fall noch zu spät, denn Jesus hatte sich bereits zurückgezogen, um mit den Seinen das abendliche Passahmahl einzunehmen. Dabei eröffnete er ihnen, dass nun sein Leidensweg beginnen werde, weswegen dieses das letzte Mahl für ihn sei. Er übernahm an der Tafel die Rolle des Dienenden, indem er den Tischgenossen Brot und Wein reichte und

Darstellung des Abendmahls, bei dem Jesus seinen Jüngern den Beginn seines Leidensweges offenbarte. Fresko von Giotto di Bondone aus dem 14. Jahrhundert.

sie bat, künftig diese Gottesgaben zu seinem Gedächtnis zu sich zu nehmen. Zugleich offenbarte er ihnen, dass ein Spitzel unter ihnen sei, der ihn in der Nacht verraten, also an die Tempeljustiz ausliefern werde.

Über den Verrat des Jüngers Judas Ischarioth, denn um diesen handelte es sich, entlud sich später alle Wut, wobei zweierlei übersehen wird: Es hätte des Verrats kaum gebraucht, denn der Prediger Jesus wäre über kurz oder lang auch so gefasst worden. Auch der, der später als der heiligste derer angesehen wurde, die sich über den Verräter entrüsteten, hielt selbst nicht stand, als die Staatsmacht nach ihm griff. Jesus hatte es ihm vorausgesagt. Als Petrus ihm vorschlug, sich mit Waffengewalt gegen die drohende Verhaftung zur Wehr zu setzen, entlarvte Jesus das als Maulheldentum: »Petrus, ich sage dir: Der Hahn wird heute nicht krähen, ehe du dreimal geleugnet hast, dass du mich kennst« (Lukas 22, 34). So geschah es tatsächlich, nachdem die Häscher erschienen waren und Jesus im Schutz der Dunkelheit festgenommen hatten, denn sie fürchteten immer noch die große Zahl seiner Anhänger.

Die weitere Entwicklung ist nicht ganz klar. Fest steht, dass der Beschuldigte in das Haus des Hohepriesters Kaiphas gebracht wurde und dort die Nacht verbrachte, nach Mitteilung der Evangelisten unter Hänseleien und Quälereien durch die Bewacher. Am nächsten Morgen führten sie ihn den Richtern vor, worunter wohl eine Anzahl von Männern aus der Tempelaristokratie zu verstehen ist und nicht das »ganze Synhedrion«, wie es verschiedentlich heißt. Diesem Gerichtshof nämlich gehörten auch Pharisäer an, die einer Auslieferung eines Juden an die Römer niemals zugestimmt hätten. Entweder also hatte man nur die sadduzäischen Mitglieder einberufen, oder

»Sein Verräter hatte ihnen ein Zeichen gegeben und gesagt: ›Den ich küssen werde, der ist es, den ergreift!‹« (Matthäus 26, 48)

»Christus vor Kaiphas«. Gemälde aus dem 15. Jahrhundert von Fra Angelico.

aber es handelte sich um ein informelles Gremium aus einflussreichen Sadduzäern. Sie brauchten Aussagen, die in römischen Augen ein Einschreiten erforderlich machen würden, denn ihre eigenen Strafmöglichkeiten waren beschränkt durch Vorbehaltsrechte der Besatzungsmacht.

Und sie erhielten diese Aussagen durch Zeugen, die gehört haben wollten, dass Jesus mit der Zerstörung des Tempels gedroht habe. Das konnte die Schutzmacht nicht dulden, denn die Wahrung des religiösen Friedens in unterworfenen Gebieten gehörte zu den wichtigsten Aufgaben. Noch wertvoller aber waren Jesu Antworten in der von Lukas (22, 67–70) so wiedergegebenen Befragung:

»Und (sie) sprachen: Bist du der Christus, so sage es uns! Er sprach aber zu ihnen: Sage ich's euch, so glaubt ihr's nicht, frage ich aber, so antwortet ihr nicht. Aber von nun an wird der Menschensohn sitzen zur Rechten der Kraft Gottes. Da sprachen sie alle: Bist du denn Gottes Sohn? Er sprach zu ihnen: Ihr sagt es, ich bin es.«

I.N.R.I.

Damit hatte Jesus sich selbst das Urteil gesprochen, denn als Christus galt nur der zum König gesalbte, also der auch weltliche Herrscher. Das musste den Römern als Bedrohung ihrer Oberhoheit erscheinen, als das, was die Sadduzäer als »Aufwiegelung des Volkes« bezeichneten. Sie konnten getrost alles Weitere dem römischen Statthalter überlassen. Und der hieß in den Jahren 26 bis 36 Pontius Pilatus, sodass sich für die Verurteilung Jesu nur zwei Daten ergeben: der Freitag vor Passah im Jahr 30 oder im Jahr 33. Die Forschung neigt zu dem früheren Datum. Also hatte letztlich über Jesu Schicksal Pilatus zu befinden, ein Mann der einerseits in unabhängigen Quellen als grausam und bestechlich geschildert wird, der aber andererseits viel Rücksicht auf das jüdische Establishment nehmen musste, um unnötige Konfrontationen zu vermeiden. Mit Kaiphas war er sogar gut befreundet, weil der für die Ruhigstellung der Bevölkerung und für einen funktionierenden Nachrichtendienst sorgte. Da die Tempeloberen Jesu Tod wünschten, stand zu erwarten, dass

Die historische Figur des Pontius Pilatus wirkte als römischer Landpfleger von 26–36 n. Chr. Wegen seiner despotischen Herrschaft wurde er später auf Verlangen der Juden von seinem Amt abberufen.

sich Pilatus nicht zieren würde. Laut Neuem Testament machte er zwar einige Ausflüchte, wusch seine Hände in Unschuld, überließ dann aber erwartungsgemäß Jesus den Henkern.

Sie »schmückten« Jesus mit einer Krone aus Dornen, bürdeten ihm das Kreuz auf, an dem er sterben sollte, und ließen es ihn zum Hinrichtungsort, dem Hügel Golgatha (»Schädelstätte«), tragen. Dort wurde es im Beisein einer großen Zuschauermenge aufgerichtet und Jesus am Querholz festgebunden oder durch die Hand- und Fußwurzeln angenagelt. Ihm zu Häupten ließ Pilatus ein Schild anbringen mit dem Namen des Verurteilten und mit dem Grund für die Todesstrafe: »I.N.R.I.«, das sind die Anfangsbuchstaben von »Iesus Nazarenus Rex Iudaeorum« (Jesus aus Nazareth, König der Juden). Damit die als besonders entehrend empfundene Art der Hinrichtung nicht zu schnell wirkte, verhinderte ein Holzpflock mitten im Stamm das Durchhängen des Körpers, sodass erst nach Stunden der Tod eintrat. An beiden Seiten von Jesu Kreuz stand je ein weiteres, an denen Verbrecher starben, auch das als besondere Erniedrigung des selbst von Pilatus als unschuldig angesehenen Jesus

Golgatha, das aramäische Wort für »Schädel«, war ein Hügel außerhalb der alten Stadtmauer Jerusalems, der als Hinrichtungsstätte diente. Diese Darstellung stammt von Jan Brueghel d. Ä aus dem Jahr 1598.

Der Gekreuzigte mit Maria, Maria Magdalena und dem Heiligen Dominikus. Fresko aus dem 15. Jahrhundert.

gedacht. Der Gemarterte verschied schließlich mit einem Schrei, der bei Lukas so überliefert ist: »Vater, ich befehle meinen Geist in deine Hände!«, während es bei Matthäus heißt: »Mein Gott, mein Gott, warum hast du mich verlassen?«

Jesu Anhänger waren fast alle untergetaucht, denn sie mussten befürchten, wie ihr Herr abgeurteilt zu werden. Nur einige Mutige und einige Frauen seines Gefolges, die ohnehin in der herrschenden Männergesellschaft nicht als Gefahr für die öffentliche Ordnung angesehen wurden, hatten unter dem Kreuz ausgeharrt. Sie sorgten mithilfe von zwei wohlhabenden Verehrern Jesu für die Beisetzung des Leichnams in einem Felsengrab. Aber auch sie waren nun orientierungslos, und die Untröstlichkeit begann ihr suggestives Werk. Es konnte nicht sein, dass der von Gott Gesandte und nach der eigenen Klage dann Verlassene nun seinerseits die Seinen auf immer verlassen hatte. Nach drei Tagen, sicher nur ein symbolischer Zeitraum, ereigneten sich daher am Passah-Sonntag die ersten Erscheinungen Jesu, der sich Jüngern und Anhängerinnen zeigte und dessen Grab plötzlich leer war. Inwieweit man Trauer-Halluzinationen dafür verantwortlich machen muss oder nicht, kann unentschieden bleiben, denn schon vom Propheten Elia ging die Rede, er sei nicht tot, sondern nur verborgen. Außerdem wurde die Auferstehung Jesu von so vielen bezeugt, dass sie zum Kernpunkt des christlichen Glaubens wurde.

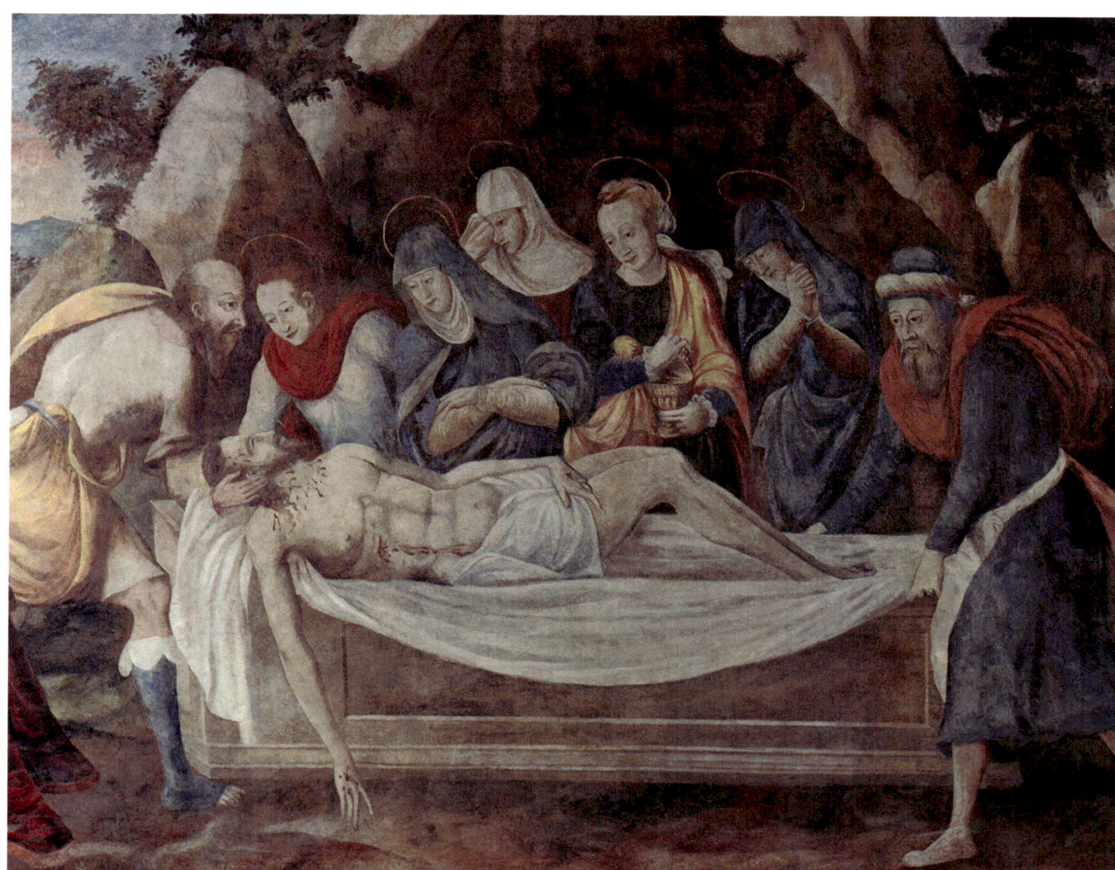

Die Grablegung Jesu.

III Der Neue Bund

Leben und Lehre Jesu sind untrennbar miteinander verwoben, denn sein Handeln und Wandeln bilden einen gewichtigen Teil der Verkündigung. Daher haben wir im vorigen Kapitel schon viele wesentliche Elemente seiner Glaubenslehre und einige Kernsätze aus seinen Reden kennen gelernt. Im Folgenden soll dieses Gedankengut vertieft werden. Dabei geht es vor allem um das Ende, die Kreuzigung und die Auferstehung. Von Ostern her, im Lichte der Auferstehung, erscheint das Leiden Christi seinen Anhängern als Erlösungstat, als Sinnbild der Überwindung des Todes durch den Heiland. Er hat die Sünden der Welt auf sich genommen und die verloren gegangene Gottesnähe wieder hergestellt. So wie Gott sich sein Volk durch den Alten Bund mit Mose verpflichtet hat, so hat sein Sohn den nach seiner Lehre erstarrten Bund (lateinisch: *Testamentum*) für die ganze Menschheit mit neuem Leben erfüllt und zum Zeichen das Kreuz errichtet. Das Symbol schwerster Qualen erinnert an die unerhörte Tat Gottes, der sie für die Menschen auf sich genommen hat. Dass seine Passion (Leiden) so gemeint ist, hat er selbst bei der Einsetzung des Abendmahls an der letzten gemeinsamen Tafel all denen gesagt, die an ihn glauben (Lukas 22, 19/20):

»Und er nahm das Brot, dankte und brach's und gab's ihnen und sprach: Das ist mein Leib, der für euch gegeben wird; das tut zu meinem Gedächtnis. Desgleichen auch den Kelch nach dem Mahl und sprach: Dieser Kelch ist der neue Bund in meinem Blut, das für euch vergossen wird.«

Moses empfängt die Gesetzestafeln aus der Hand Gottes.

Viele Menschen haben dies geglaubt und glauben es noch. Dies ist nur dadurch möglich, dass sie an Jesus als Christus, den Sohn Gottes, glauben und damit ihm und seinen Worten Glauben, das heißt rückhaltloses Vertrauen schenken. Glauben ist zum einen weniger als Wissen, in anderer Hinsicht aber deutlich mehr, denn es ist Gewissheit ohne augenfällige Beweise. Mit den Worten des Briefes an die Hebräer (11, 1):

»Es ist aber der Glaube eine feste Zuversicht auf das, was man hofft, und ein Nichtzweifeln an dem, was man nicht sieht.«

Das bedeutet aber nicht, etwas blind und ungeprüft für wahr zu halten, es gibt genügend Zeichen für die Wahrheit, und das mächtigste ist Christus selbst. Er erschien den Zeitgenossen als durchaus gewöhnlicher Mensch, sie haben aber auch Zeugnis davon abgelegt, dass in ihm etwas mächtig war und durch die Auferstehung, dem zentralen Zeichen, mächtig geblieben ist.

Dreieinigkeit

Er vergab Sünden, stand mit seinen Wundern sichtbar über den Naturgesetzen und mit seinen Umwertungen auch über dem überkommenen Religionsgesetz. Doch konnte dieser sicherlich hochzuverehrende Mensch zugleich Gott sein? Ist ein solcher Widerspruch lösbar? Man könnte es sich einfach machen und der Allmacht Gottes jede und mithin auch diese Möglichkeit einräumen. Doch so einfach konnte man es sich nicht machen, weil viele Menschen den Kurzschluss mit der spitzfindigen Frage beantwortet hätten, ob der Allmächtige dann auch einen so schweren Stein erschaffen könne, dass er ihn nicht mehr zu heben vermöchte. Die Auseinandersetzungen waren erbittert und führten schon früh zu Spaltungen, denn viele sahen in einem Gott Jesus ein zweiten neben dem einen Gott Israels, was Vielgötterei bedeuten würde und damit einen Rückfall in den Götzendienst. Noch heute werfen die Muslime den Christen vor, sie beteten zu drei Göttern, denn der Heilige Geist gelte ihnen ja auch als eine göttliche »Person«.

Das beantworten die Christen mit der so genannten Trinitätslehre: Sie besagt, dass Gott in drei Personen existiert, als Vater, Sohn und Heiliger Geist zwar real von einander verschieden, in ihrem göttlichen Wesen jedoch eins. Daher ist jede der drei Wesensmanifestationen als der eine und wahre Gott anzusehen. Alle drei stellen »nach außen« ein einziges Wirkprinzip dar, unterscheiden sich aber »nach innen«, was ihr Ursprungsverhältnis angeht: Gottvater war und ist von Ewigkeit zu Ewigkeit und mithin ursprungslos und immer nur selbst Ursprung. Auch Ursprung für Gottsohn, der vom Vater aus der göttlichen Substanz »gezeugt« wird. Gottgeist entspringt beiden als die wirkende Göttlichkeit, sozusagen als der »Odem«, der Sein und Leben schafft und erfüllt. Die hochkomplexe gedankliche Konstruktion spiegelt das glaubende Bemühen, Gott als personale Fülle des Seins zu begreifen, eines Seins, das sich erst im »Wir« von Schöpfer und Geschöpf entfaltet. Im Menschen, dem Wesen, das Gott »nach seinem Bilde« geschaffen hat, kommt die Schöpfung zu Bewusstsein. Dem Vorwurf, das sei verkappter Polytheismus, hält der Gläubige entgegen, dass Gott selbst die Brücke durch die Menschwerdung Jesu geschlagen habe. Dadurch habe er dem Menschen eine Selbstmitteilung gewährt und somit eine Nähe, ohne die Glauben nicht leben könne.

Christi Doppelnatur als Mensch und Gott, beides im vollen Sinne, lässt auch seine Zeitlichkeit und Raumgebundenheit, also sein Auf-der-Welt-Sein in einer bestimmten Epoche und in einer bestimmten Weltregion nicht zum Problem werden. Schon die antiken Philosophen haben die frühen Christen gefragt: Wer vor Christi Erlösungstat gelebt hat, wie kann der durch den Glauben an Christus »gerecht« werden, wenn es das, was es dazu zu glauben gilt, für ihn nicht gab? Wie kommt er zum Vater, da doch laut Christus zu ihm niemand kommt, »denn durch mich«? Sind alle Menschen vor der Zeitenwende also unerlöst und unerlösbar oder reicht für sie der Alte Bund, weil erst nach ihnen das Maß so voll war, dass es des Neuen Bundes bedurfte? Das wäre eine buchstäblich unmenschliche Lehre und auch nicht verstehbar, weil nichts dafür spricht, dass es ein Hohlmaß für Sündhaftigkeit gibt, das ausgerechnet im Jahre 30 n.Chr. übergelaufen wäre. Kain, Sodom und Gomorrha belegen, dass die Schändlichkeit so lange in der Welt ist wie der Mensch und seine Freiheit zur Sünde. Die Erlösung dürfte nicht jünger sein, doch warum ist es ihr Zeichen, das Kreuz?

Vom Menschen Jesus her gedacht, wäre die Frage nicht zu beantworten, von seiner Gottnatur hingegen durchaus. Da Christus in dieser Eigenschaft von allem Anfang an bei Gott war, gilt seine Erlösungstat zeit- und raumunabhängig für alle Menschen. Das christliche Glaubensbekenntnis sagt das mit den Worten, Christus sei nach seiner Kreuzigung und Beisetzung »hinabgestiegen in das Reich des Todes«. Der Tod galt den Menschen seiner Zeit nicht nur als physisches Ende, sondern auch als Entfernung von Gott. Indem Christus auch zu den Toten gekommen sei, habe er diese Kluft überbrückt und auch ihnen die Rettung gebracht, zu der der Mensch allein nicht fähig ist. Das sind natürlich Hilfskonstruktionen für etwas, das wie so vieles im Glauben an den Auferstandenen über alle Vorstellungskraft geht. Im doppelten Liebesgebot Christi aber, nämlich der Nächsten- wie der Gottesliebe ist Erbarmen nicht an Zeit und Raum gebunden, sondern ein umfassendes Angebot für die ganze Menschheit.

Himmelfahrt und Pfingsten

Das bestätigt auch die Gegenbewegung, die Himmelfahrt Jesu, die am vierzigsten Tag nach Ostern gefeiert wird und auf das Zukünftige verweist, das ebenfalls unter seinem Zeichen stehen wird, bis er wiederkommt »zu richten die Lebendigen und die Toten«. Gemeint mit der Aufnahme Jesu in den Himmel ist die Rückkehr in das unsichtbare Reich Gottes, wobei Himmel nicht irgendetwas Überweltliches oder Kosmisches bezeichnet, sondern etwas, das »höher ist als alle Vernunft« und daher auch jeder Vorstellungskraft entzogen, obwohl gerade das Motiv des gen Himmel fahrenden Christus die Künstler aller Epochen mächtig angezogen hat. Legitimerweise insofern, als der Heiland mit seiner Entrückung nicht »weg« war, sondern weiterhin überall und immer anwesend ist, wo Christen sich zu ihm bekennen. Sie vertrauen dabei auf die letzten Worte Jesu, wie sie der Schluss des Matthäusevangeliums überliefert hat:

»Aber die elf Jünger (Judas hat sich selbst gerichtet) gingen nach Galiläa auf den Berg, wohin Jesus sie beschieden hatte. Und als sie ihn sahen, fielen sie vor ihm nieder, einige aber zweifelten. Und Jesus trat herzu und sprach zu ihnen: Mir ist gegeben alle Gewalt im Himmel und auf Erden. Darum gehet hin und machet zu Jüngern alle Völker: Taufet sie im Namen des Vaters und des Sohnes und des heiligen Geistes und lehret sie halten alles, was ich euch befohlen habe. Und siehe, ich bin bei euch alle Tage bis an der Welt Ende.«

Lot flieht aus Sodom, einer Stadt, die Jahwe wegen der Lasterhaftigkeit ihrer Bewohner durch einen Feuer- und Schwefelregen vernichtete.

Damit ist eine weitere Überschreitung des Gesetzes, wie es in den fünf Büchern Mose steht, ausgesprochen. Als »auserwählt« gilt Jesus nicht das jüdische Volk allein, sondern die Menschheit in ihrer Gesamtheit. Sie steht unter seiner »Gewalt« wie unter der des Vaters und des heiligen Geistes und hat Anspruch auf das Evangelium (griechisch: die frohe Botschaft), das er gebracht hat. Betont ist damit aber noch ein anderer Aspekt: Jeder Christ hat sozusagen eine Bringschuld denen gegenüber, die noch nicht zum Glauben gefunden haben oder noch gar nichts von der frohen Botschaft wissen. »Heiden«, als die Angehörige anderer Völker den Juden galten, gibt es für die Christen in diesem Sinn nicht, nur Menschen, zu denen die Kunde von Jesu Erlösungstat noch nicht gedrungen ist.

Zunächst irritierte die Jünger der Missionsauftrag, wenig später aber ereignete sich etwas, das verständlich machte, was mit ihm gemeint war. Am jüdischen Erntedanktag, der traditionell sieben Wochen nach Passah gefeiert wurde, waren die nun endgültig und buchstäblich herrenlosen Jünger in Jerusalem versammelt, so jedenfalls berichtet es die Apostelgeschichte des Lukas im zweiten Kapitel. Die Stimmung dürfte trotz der Gewissheit, dass Christus auferstanden war, ein wenig gedrückt gewesen sein, denn ohne seine physische Anwesenheit schien die Zukunft dunkel. Da kam vom Himmel ein Brausen wie von einem Sturm und Feuerzungen schwebten über den Häuptern der Männer, die plötzlich Mut fassten, hinaustraten und zu predigen begannen.

Die Stadt war zum Fest voller Menschen aus aller Herren Länder, sodass sich bald eine gemischte Menge um die Prediger bildete, wobei jeder erstaunt feststellte, dass Jesu Jünger von ihrem Herrn in der jeweiligen Landessprache, also in vielen Sprachen zugleich zu sprechen schienen. Das schied die Geister dahingehend, dass sich einige abwandten und die Redner für betrunken hielten (»voll des süßen Weins«), während andere mehr und mehr von den Worten vor allem des Petrus gepackt wurden, sodass sich schließlich 3000 Menschen taufen ließen.

Es dürften vornehmlich Juden gewesen sein, denn ihnen war ein ähnliches Ereignis aus dem Buch Samuel geläufig. Der Prophet berichtet darin davon, dass seine Mutter Hanna wegen ihrer Kinderlosigkeit viel verspottet worden war und darum ein heftiges, obschon leises Zwiegespräch mit Gott führte. Der Priester Eli, der sie dabei erlebte, hielt sie deshalb für betrunken und herrschte sie an, sie solle ihren Rausch ausschlafen. Als er aber hörte, weswegen sie so lange und inständig geredet habe, erkannte er ihren Glauben und versprach ihr,

Die Himmelfahrt Christi ist ein in der Kunst häufig dargestelltes Motiv. Dieses Gemälde stammt von Anton Raphael Mengs und entstand um 1751.

Gegenüberliegende Seite: Auch hier ist die Himmelfahrt zentrales Motiv, betont aber ebenso die Rolle der zurückgebliebenen Jünger.

POSTQ̄VA VENERV̄T IN LOCVM QVI DICITVR CALVARIE CRVCIFIXERV̄T EV.LV.XXIII.
SCĒDIT SVP CELOS ⁊VOLAVIT SVP PENĀS VENTORVM·PS·XVII·C~

dass Gott ihre Bitten erhört habe. Hanna fand ihren Lebensmut wieder und war bald guter Hoffnung mit Samuel (hebräisch: »von Gott erhört«), der also Kind eines Gebets war.

Ähnlich müssen wir den Bericht von der Ausgießung des heiligen Geistes auf die Jünger als Wunder verstehen, das zeichenhaft deutlich machte, dass der vom Geist Gottes Getroffene alle Angst verliert, in seiner Begeisterung nicht schweigen kann und verstanden wird. Den Jüngern stellte sich nun als den ersten aller Christen die Aufgabe: Bildung einer Gemeinde, die sich zu Christus bekennt und Keimzelle einer weltumspannenden Gemeinschaft von Gläubigen werden sollte. Pfingsten, abgeleitet vom griechischen Wort für die Zahl fünfzig *(pentekoste)*, nämlich fünfzig Tage nach Ostern, wird daher von den Christen als Geburtstag ihrer Kirche gefeiert, denn mit der Massentaufe war die Jerusalemer Urgemeinde entstanden.

Die Ausgießung des Heiligen Geistes wird heute in den Kirchen des Westens als Pfingsten gefeiert und gilt als festlicher Schlusstag der 50-tägigen Osterzeit.

IV Urchristentum

Da zunächst vornehmlich Juden die Gemeinde bildeten, hielt sie sich genauso streng wie die Umwelt an die Gesetze der Tora (fünf Bücher Mose), deutete sie allerdings im Sinne Jesu und nahm dessen Lehren zusätzlich auf. Die Berichte von seinem Leben dürften jetzt erste Gestalt angenommen haben und vorerst mündlich weitergegeben worden sein. Die Zeit hatte ein wesentlich besseres Gedächtnis als unsere heutige, weil fast alle Kenntnisse nur mündlich tradiert wurden. So dürften sich die doch erst wesentlich später mit einem Abstand von fünfzig bis siebzig Jahren aufgeschriebenen Evangelien nicht wesentlich von den frühen Versionen unterschieden haben. Allerdings spielte bei der Niederschrift unübersehbar das Motiv eine Rolle, Jesus in allen Situationen als den Christus (oder hebräisch: Messias) sichtbar werden zu lassen und sein Leben wie oben geschehen von Ostern her zu deuten. Um präzise Biographien ging es den Schreibern nicht, was manche Differenzen, ja sogar Widersprüche erklärt.

Gewiss, mit den jesuanischen Elementen unterschied sich die Jerusalemer Gemeinde deutlich vom Judentum, doch die Nähe überwog wegen der ungeschmälerten Fortgeltung des Alten Testaments, also der heiligen Schrift der Juden. Auch Speisegebote und Beschneidung blieben verbindlich. Der menschliche Aspekt aber durch Jesu Lehre von Gottes Liebe und Barmherzigkeit und sein Versprechen, bei ihm für die Sünder einzutreten, entwickelte einen ziemlichen Sog auf Menschen jüdischen Glaubens, die den Tempelkult als streng und lieblos empfanden. Die Gemeinde wuchs daher rasch, mehr und mehr auch durch Anschluss von Juden aus der griechischsprachigen Diaspora, den so genannten Hellenisten.

Dadurch floss der Gemeinde fremdes Gedankengut zu, das manche irritierte, allen voran Jakobus, den leiblichen Bruder Jesu, um den sich ein abgeschotteter judenchristlicher Kreis bildete, zu dem auch einige Pharisäer stießen. Sie nahmen Jesu Warnung besonders ernst, sich nicht von materiellen Werten abhängig zu machen, nannten sich entsprechend »die Armen« *(Ebionim)* und lebten in Gütergemeinschaft wie manche anderen Sekten auch. Die Umwelt sah zunächst in den Christen nicht

Die vier Evangelisten Matthäus, Markus, Johannes und Lukas, hier auf einem Gemälde von Jacob Jordaens, um 1625.

mehr als eine jüdische Sekte, weswegen sie lange völlig unbehelligt blieben. Erst allmählich ging den Tempelpriestern sadduzäischer Prägung auf, dass sich die Christen in einem entscheidenden Punkt vom Judentum losgesagt hatten: Für sie war der auch von den Juden erwartete Messias in Gestalt Jesu schon gekommen, was Juden wie Gotteslästerung erscheinen musste, denn sie erwarteten einen König in all seiner Pracht und Herrlichkeit und keinen galiläischen Zimmermann, der sich mit den kleinen Leuten gemein gemacht hatte.

Die ersten, die diese Feindschaft des jüdischen Establishments zu spüren bekamen, hatten sich um Petrus und andere Jünger geschart und sahen die jüdischen Gesetze zwar auch als verbindlich an, doch machten sie bei Neubekehrten zunehmend Ausnahmen. Diese Liberalität machte sie verdächtig, und ihr unbeirrter Glaube, dass Christi Wiederkehr unmittelbar bevorstehe, erschien den Behörden als Unruhepotenzial. Der Herrscher Herodes Agrippa I. jedenfalls sah Handlungsbedarf und ließ einige Mitglieder der Gruppe verhaften und mindestens zwei von ihnen im Jahr 44 hinrichten. Petrus floh aus Jerusalem. Ob er, wie vielfach angenommen, schon damals bis nach Rom weiterzog, lässt sich nicht einwandfrei belegen, aber auch nicht ausschließen. Später aber scheint er sich tatsächlich in Rom aufgehalten zu haben, sodass die Berufung der katholischen Kirche auf Petrus als den ersten Bischof der Ewigen Stadt mehr als eine Legende sein dürfte.

Petrus gilt gemeinhin als der Jesus vertrauteste Jünger. Nach dessen Tod genoss er in der Urgemeinde neben Johannes und Jakobus das höchste Ansehen.

Als einer der sieben Armenpfleger der christlichen Urgemeinde ist der Heilige Stephanos heute der Schutzheilige der Pferde und Kutscher. Sein Tod infolge von Steinigung ist in der Apostelgeschichte beschrieben.

Als dritte Gruppe sind die bereits erwähnten Hellenisten zu nennen, die dem Christentum griechische Züge verliehen und bald eine eigene Synagoge in Jerusalem hatten. Für sie war Jesus der leidende und auferstehende Erlösergott, die Taufe galt ihnen wie in den Mysterienkulten als Aufnahme in eine verschworene Gemeinschaft, und das Passahmahl erhielt theophage Bedeutung, wurde also als erinnernde Einverleibung des Heilands verstanden. Anführer der Gruppe war ein gewisser Stephanos, der nur ein Jahr nach den Petrusanhängern den Märtyrertod erlitt, weil sich die Hellenisten unter seiner Führung natürlich noch viel weiter von den jüdischen Wurzeln entfernt hatten als alle anderen. Außerdem hatte er die baldige Zerstörung des Tempels prophezeit, ein todeswürdiges Verbrechen. Ihn lieferte der höchste jüdische Gerichtshof dem Volk zur Steinigung aus, seine Anhänger zerstreuten sich in die griechischen Reichsteile, wo sie viele wichtige Gemeinden gründeten.

Paulus

Dabei spielte einer eine Rolle, der zunächst für die gnadenlose Verfolgung der Hellenisten zuständig gewesen war. Saulus (latinisierte Form von hebräisch Saul) war ein streng pharisäisch erzogener Jude aus Tarsus im südöstlichen Kleinasien, also aus der griechischen Diaspora, der das römische Bürgerrecht besaß und in Jerusalem eine Ausbildung zum Schriftgelehrten genossen hatte. Er bespitzelte in sadduzäischem Auftrag die Christen und lieferte Beweise für ihre Gesetzesverstöße. Bei einer Reise nach Damaskus, wohl um die Mitte des 4. Jahr-

Die Bekehrung des Saulus zum Paulus (hier dargestellt von Caravaggio, 1601). Vom Verfolger der Christen wandelte er sich zu einem der glühendsten Verbreiter des christlichen Glaubens.

zehnts n. Chr. anzusetzen, erlebte er eine überwältigende Erscheinung Jesu und wandelte sich radikal zum Paulus, der sich ganz der christlichen Mission verschrieb. Die Apostelgeschichte gibt das Erlebnis im 9. Kapitel sicher in stark stilisierter Form wieder, doch sei die Stelle wegen der Schlüsselbedeutung des Paulus für die Entwicklung des jungen Christentums hier auszugsweise zitiert:

»Saulus aber schnaubte noch mit Drohen und Morden gegen die Jünger des Herrn und ging zum Hohepriester und bat ihn um Briefe nach Damaskus an die Synagogen, damit er Anhänger des neuen Weges, Männer und Frauen, wenn er sie dort fände, gefesselt nach Jerusalem führe. Als er aber auf dem Weg war und in die Nähe von Damaskus kam, umleuchtete ihn plötzlich ein Licht vom Himmel; und er fiel auf die Erde und hörte eine Stimme: Saul, Saul, was verfolgst du mich? Er aber sprach: Herr, wer bist du. Der sprach: Ich bin Jesus, den du verfolgst. Steh auf und geh in die Stadt, da wird man dir sagen, was du tun sollst.«

Weiter heißt es, dass Saul erblindet war und erst wieder sehend wurde, als er die Taufe empfangen hatte. Er wurde nun zum eifrigsten Prediger der Botschaft Jesu und bald in die Schar der Apostel (griechisch: »Sendboten«) aufgenommen. Er entwickelte eine rege schriftstellerische Tätigkeit, die ihn als einen der wenigen damals Handelnden ein klares persönliches Profil gewinnen lässt. Seine ermutigenden, lehrenden, tröstenden und schlichtenden Briefe an diverse Gemeinden in vielen Reichsteilen sind die ersten literarischen Zeugnisse des Christentums und gehören zum Kanon des Neuen Testaments, das nicht zuletzt durch ihn seine entscheidende theologische Prägung gewann. Zur Verbreitung seiner Interpretation der Worte Jesu trugen drei große Missionsreisen bei.

Die erste führte Paulus Mitte des 5. Jahrzehnts n. Chr. nach Zypern und Kleinasien, die zweite zwischen 49 und 53 nach Mazedonien und Griechenland, wo er auch Athen und Korinth besuchte, und die dritte im Anschluss daran nach Ephesos. Überall begründete er christliche Gemeinden und stärkte die bereits existenten. Im Jahr 57/58 kehrte er zurück nach Jerusalem, wo er verhaftet wurde. Er hatte sich mit seiner Lehre von Christi Aufhebung des mosaischen Gesetzes gegen den Anspruch der Juden gestellt, das allein auserwählte Volk

Seine zweite Reise führte den Apostel Paulus auch nach Athen, wo er mit zahlreichen Predigten seine Missionstätigkeit fortsetzte.

zu sein, was ihm die unversöhnliche Feindschaft der orthodoxen Juden eintrug. Zwei Jahre hielten sie ihn in Caesarea in Gewahrsam, bis schließlich der Befehl kam, ihn als römischen Bürger nach Rom zu überstellen.

Dort konnte sich Paulus zunächst recht frei bewegen und war unermüdlich missionierend tätig, denn er war der herausragende Vertreter der Heidenmission, die von vielen Judenchristen abgelehnt wurde. Deswegen gründete er auch in Rom eigene Gemeinden, weil ihm die Judenchristen nicht nachsehen wollten, dass er die Halacha, das jüdische Religionsgesetz, nicht als verpflichtend auch für zum Christentum bekehrte Heiden ansah.

Bald aber schlug der politische Wind um. Kaiser Nero (Regierungszeit 54–68) suchte Sündenböcke für den großen Brand Roms und fand sie in den Christen, über die allerlei abscheuliche Gerüchte im Umlauf waren. Unzählige Mitglieder der schon relativ großen Gemeinde der Stadt wurden bestialisch hingerichtet. Paulus soll als römischem Bürger die »Gnade« der Enthauptung zuteil geworden sein, während Petrus am Kreuz zu Tode gebracht worden sein soll. An der Stelle, an der Paulus im 63/64 starb, errichtete später Kaiser Konstantin der Große eine Basilika.

Der Carcer Mamertinus unter der Kirche S. Giuseppe dei Falegnami in Rom war schon seit dem 4. Jahrhundert v. Chr. Staatsgefängnis. Neben Jughurtha und Vercingetorix waren hier auch die beiden Apostel Petrus und Paulus inhaftiert.

Paulinische Lehren

Alle Äußerungen des Apostels Paulus sind durchleuchtet von dem grundlegenden Erlebnis der Bekehrung durch Christi Selbstoffenbarung ihm, dem unerbittlichen Verfolger gegenüber. Jesus wurde dadurch für ihn der durch die Auferstehung auf immer lebendige und stets anwesende Christus, der nicht die Erlösung durch strikte Einhaltung des Gesetzes bringt, sondern sie uns als Geschenk Gottes zusichert, besiegelt durch den Neuen Bund in seinem Blut. Der Mensch kann danach nicht sozusagen in Eigenleistung das Himmelreich erwerben; »durch des Gesetzes Werke« kommt er ihm nicht näher, sondern »allein durch den Glauben«, wie die Schlüsselstelle im Römerbrief (3, 28) des Paulus lautet.

Das bedeutet nicht, dass die Einhaltung der Gesetze nicht verdienstvoll sein kann, nie aber Gott gegenüber, mit dem sich nicht rechten lässt und dessen Gnade allein darüber befindet, ob der Sünder angenommen wird. Die Betonung des Gesetzes birgt zudem die Gefahr, dass sich der Mensch seiner Güte rühmt und sozusagen eine Ge-

genleistung Gottes erwartet. Ob Jude in Kenntnis des Gesetzes oder ob Heide, der das Gesetz nicht kennt – durch gutes Tun mag der Mensch seinen Dank für Gottes Güte ausdrücken und seinem Nächsten helfen, doch sein himmlisches Konto beeinflusst er damit nicht. Das kann nur Gottes Gerechtigkeit, für die im Kreuz das gültige unauslöschliche Siegel des Bundes als Symbol gefunden wurde. Christus hat den Tod stellvertretend erlitten und die Sünden derer gesühnt, die darauf in gläubiger Gotteskindschaft vertrauen.

Nicht eine erworbene, sondern die solcherart geschenkte Gerechtigkeit macht den Christen frei von der Sklaverei unter dem Gesetz zu einem neuen Leben im Geiste Gottes. Er ist damit nicht quasi automatisch sündenfrei, ihn leitet aber in allem die Liebe zum Nächsten, denn die Liebe ist eine »Frucht des Geistes« und eine Kraft zur Überwindung der Selbstsucht. Diese wiederum ist eine in der Kreatürlichkeit angelegte Versuchung, weswegen sich der ganze Mensch buchstäblich mit Leib und Seele dem Willen Gottes überantworten muss, will er nicht wieder Opfer seines Ego und von dessen Begehren werden. In Christus hat er die Richtschnur für einen in diesem Sinn christlichen Lebenswandel, und in ihm hat er dessen Ziel. Zwar ist Christus bereits gekommen, sein Heil also bereits gegenwärtig, doch vorerst noch von irdischem Beschwer getrübt. In seiner vollen Segnung wird es noch kommen beim Wiederkommen Christi. Für Paulus war das durchaus eine sehr nahe Erwartung, hoffte er doch, sie noch zu erleben. Doch war er auch gefasst darauf, sie sozusagen zu ersterben, da er sich im Leben wie im Tod in Christo aufgehoben wusste und in Frieden auf die volle Entfaltung der Herrlichkeit Gottes warten konnte. Die Zeit spielt im Angesicht der Ewigkeit des Herrn keine Rolle.

Die Interpretation der christlichen Lehre durch Paulus hatte also zwei Seiten, eine nach vorn gewandte, die das mosaische Gesetz durch Christus und den Neuen Bund als überwunden betrachtete und eine rückwärtige, die besonderen Wert auf die Verwurzelung im Judentum legte. Das Alte Testament jedenfalls war ihm heilig, und damit verschaffte er der neuen Religion eine Tiefendimension, die sie von anderen damals kursierenden Kulten erfolgreich unterschied. Dennoch war der Konflikt mit dem Judentum programmiert, nachdem Paulus auf dem um 44 in Jerusalem tagenden Apostelkonzil durchgesetzt hatte, dass Beschneidung und andere jüdische Bräuche für bekehrte Heiden nicht verbindlich sein sollten. Das trug ihm später auch die Verhaftung ein und eskalierte kurz nach seinem Tod, als die Juden sich Mitte der 60er-Jahre gegen die römische Fremdherrschaft erhoben. Nun nämlich stellte sich endgültig die Frage, was gelten sollte, das jüdische Gesetz des Auge um Auge oder die christliche Friedfertigkeit, die sogar fordert, auch dem die linke Wange hinzuhalten, der einen auf die rechte geschlagen hat, und die lehrte: »Wer das Schwert nimmt, der soll durchs Schwert umkommen« (Matthäus 26,52).

Die Mantelspende des Heiligen Martin von Tours ist ein christliches Symbol der uneingeschränkten Nächstenliebe.

Bedrohungen

Die Judenchristen wichen ins Ostjordanland aus und entgingen dadurch dem römischen Wüten, dem Jerusalem samt Tempel zum Opfer fiel. Sie gerieten damit aber buchstäblich noch weiter ins Abseits, da der Erfolg der Heidenmission die Mehrheitsverhältnisse bald umkehrte. Die Verfolgungen unter Nero konnten daran nichts ändern, im Gegenteil: Die Haltung und Glaubenszuversicht, mit der die Christen schwerste Qualen in Erinnerung an Christi Leiden und Auferstehen hinnahmen, verschafften ihren Gemeinden wachsenden Zulauf. Ihre offenkundige Unschuld, ja ihre vorbildliche Lebensführung und Fürsorge für die Schwachen lenkten die Wut der Menschen eher gegen die Verfolger, sodass die Christenjagden bald eingestellt wurden. Dennoch sollte es noch Jahrhunderte dauern, bis die Christen ihre Religion überall öffentlich ausüben konnten. Jetzt, in der zweiten Hälfte des 1. Jahrhunderts, versammelten sie sich in Rom beispielsweise in den so genannten Katakomben, unterirdischen Höhlensystemen, die einen gewissen Schutz boten.

Doch nicht nur staatliche Verfolgung drohte ihnen, sondern auch spirituelle Versuchungen durch Kulte mit weniger selbstlosen Inhalten. Immer wieder wurden Versuche unternommen, auch aus den

Unterirdische Versammlungsräume – wie hier die Calixtus-Katakomben in Rom – boten den frühen Christen Schutz vor Verfolgung.

Gemeinden selbst heraus, beispielsweise die Bindung an das Alte Testament zu kappen oder in asketischer Weise Christus zum Geistgott und Gegner des Schöpfergotts zu stilisieren, der das böse Leibliche geschaffen habe. Wollte sich die junge Religion gegen jüdische Anfeindungen, heidnische Verfolgung, esoterische Anfechtungen, gnostische Einflüsse möglichst jesusnah behaupten, brauchte sie einen gewissen gemeinsamen Nenner und mithin verbindliche Schriften, wie sie in Form der Texte des Apostels Paulus vorlagen. Diese hatten allerdings den Nachteil, dass sie kaum auf das Leben des Heilands eingingen, das ja Basis aller Lehre, auch der paulinischen natürlich, war und ist. Er selbst ist ja der Weg zum Vater.

Die synoptischen Evangelien

Jetzt erst entstanden die Evangelien, denn die ursprüngliche Annahme war ja die, dass die glorreiche Wiederkehr Christi unmittelbar bevorstehe. Nun aber musste man sich an den Gedanken gewöhnen, dass »bald« ein sehr dehnbarer Begriff ist, denn, wie der 90. Psalm von Gott sagt, »tausend Jahre sind vor dir wie der Tag, der gestern vergangen ist, und wie eine Nachtwache«. Und an derselben Stelle heißt es: »Lehre uns bedenken, dass wir sterben müssen, auf dass wir klug werden.« Zwei Generationen waren inzwischen nach Christi Passion schon vergangen, die Klugheit angesichts der begrenzten eigenen Lebenspanne gebot daher, dem schwachen Gedächtnis des Menschen durch Fixierung der Überlieferung aufzuhelfen. Dabei konnte es den Schreibern, von denen natürlich keiner mehr Jesus gekannt hatte, nicht um Chroniken gehen, sondern nur um Wiedergabe der bekannten Tatsachen in Verbindung mit dem, was an Glaubensinhalten weitergegeben worden war. Über die Verfasser wissen wir nur sehr wenig.

Ältestes, bald nach dem Tod des Paulus niedergeschriebenes Evangelium ist das

Als ältestes Evangelium gilt das des Markus, dessen Symboltier, der geflügelte Löwe, noch heute das Wappentier der Stadt Venedig ist.

des Markus. Es beeinflusst die beiden folgenden des Matthäus und des Lukas, die aber alle drei zugleich aus einer gemeinsamen Vorlage geschöpft haben müssen, sonst wären einige charakteristische Abweichungen kaum erklärlich. Wegen der Gemeinsamkeit nennt man die drei Evangelien »synoptische«, weil sie den Stoff in ähnlicher Abfolge bieten, sodass eine vergleichende Zusammenschau (griechisch: *Synopsis*) möglich ist. Markus, wohl Begleiter des Paulus auf der ersten Missionsreise, war Mitglied der Jerusalemer Urgemeinde und hat seinen Text um das Jahr 70 verfasst. Er soll der Legende nach als Bischof von Alexandria den Märtyrertod erlitten haben. An den Anfang seiner Darstellung stellte er die Weissagung des Propheten Jesaja, dass ein Bote (Johannes der Täufer) dem Messias vorangehen werde. Darüber heißt es im dritten Vers: »Es ist eine Stimme eines Predigers in der Wüste: Bereitet den Weg des Herrn, macht seine Steige eben!« Mit Bezug darauf erhielt Markus als Symboltier den (geflügelten) Löwen. Sein Tag als Heiliger wird am 25. April begangen.

Umfangreichstes und im Neuen Testament an erster Stelle stehendes Evangelium ist das des Matthäus, der sicher nicht, wie die Legende will, identisch ist mit dem Zöllner, den Jesus zu seinem Jünger berufen hat. Der hellenistische Verfasser des offensichtlich für seine judenchristlichen Glaubensgenossen gedachten Textes schöpft aus dem Markusevangelium wie aus aramäischen Quellen, kennt er doch Aussagen Christi, die sonst so nicht überliefert sind. Wie Markus geht es Matthäus um die Darstellung Jesu als der in den Schriften des Alten Testaments geweissagte Erlöser, wobei das Evangelium besonders die ethischen (sittlichen) Forderungen Jesu betont wie sie am deutlichsten in der Bergpredigt zum Ausdruck kommen. Im Zentrum stehen das Gebot der unbedingten Nächstenliebe, die Geringschätzung irdischer Güter, die Mahnung zur radikalen Friedfertigkeit und die Seligpreisungen, die den Mühseligen und Beladenen, Sanftmütigen und Reinherzigen, Hungernden und Verfolgten Trost und Anteil an Gottes Seligkeit verheißen. In Anlehnung an eine Weissagung des Alten Testaments ist der geflügelte Mensch Symbol des Evangelisten, sein Heiligentag der 21. September.

Der Evangelist Matthäus, hier dargestellt von Guariento (um 1345).

Das dritte der Evangelien stammt von Lukas, vermutlich einem Heidenchristen und Arzt, der Paulus auf der zweiten und dritten Missionsreise begleitete und ihm auch in die Gefangenschaft nach Rom folgte. Er verfasste seinen Text etwa zur gleichen Zeit wie Matthäus und griff auch auf dieselben Quellen zurück. Und sie sind die beiden einzigen, die das bis heute für alle Konfessionen gültige Hauptgebet überliefert haben als Gebet Jesu (Herrengebet, Vaterunser, lateinisch: *Pater noster*), wenn auch in leicht abgewandeltem Wortlaut; hier die Matthäus-Version (5, 9–13):

»Unser Vater im Himmel! Dein Name werde geheiligt. Dein Reich komme. Dein Wille geschehe wie im Himmel so auf Erden. Unser tägliches Brot gib uns heute. Und vergib uns unsere Schuld, wie auch wir vergeben unseren Schuldigern. Und führe uns nicht in Versuchung, sondern erlöse uns von dem Bösen. Denn dein ist das Reich und die Kraft und die Herrlichkeit in Ewigkeit. Amen.«

Bei Lukas ist schon deutlich spürbar, dass die Erwartung der unmittelbar bevorstehenden Wiederkehr Christi einer längerfristigen Heilserwartung gewichen ist. Er zeichnet Jesus betont als Freund der Armen und Schwachen, der Frauen und Heiden. Häufiger als in den anderen Evangelien fin-

det im stilistisch besonders ausgefeilten Text des Lukas Jesu Mutter Maria Erwähnung, was ihm in der Legende den Ruf eines »Marienmalers« und damit das Patronat über die Künstler eingetragen hat. Auch Jesu Kindheitsgeschichte kommt besser zur Geltung als bei den anderen Evangelisten. Lukas gilt außerdem als Verfasser der Apostelgeschichte, die sich im Neuen Testament an die Evangelien anschließt und die Ausbreitung des Christentums von Jerusalem bis Rom schildert. Wichtig ist ihm vor allem die Heidenmission des Apostels Paulus. Symbol des Evangelisten ist der Stier, sein Heiligentag der 18. Oktober.

Schriften des Johannes

Letztes in der Reihe der Evangelien des Neuen Testaments und auch als letztes um 100 entstandenes ist das des wohl in Ephesus beheimateten oder dort tätigen Johannes. Im Aufbau, im sprachlichen Stil und im Inhalt unterscheidet es sich deutlich von den Evangelien der Synoptiker. Schon der philosophisch-theologische Beginn (1, 1–5) zeigt die unverwechselbare Eigenart dieser Annäherung an Jesus:

»Im Anfang war das Wort, und das Wort war bei Gott, und Gott war das Wort. Dasselbe war im Anfang bei Gott. Und alle Dinge sind durch dasselbe gemacht, und ohne dasselbe ist nichts gemacht, was gemacht ist. In ihm war das Leben, und das Leben war das Licht der Menschen. Und das Licht scheint in der Finsternis, und die Finsternis hat's nicht ergriffen.«

Dann kommt der Verfasser auf sich zu sprechen und auf seine Mittlerrolle bei der Deutung Jesu als das fleischgewordene Wort (griechisch: *Logos*) Gottes: In dem Menschen Jesus hat sich Gottes Reich der Welt offenbart: »Und das Wort ward Fleisch und wohnte unter uns, und wir sahen seine Herrlichkeit, eine Herrlichkeit als des eingeborenen Sohnes vom Vater, voller Gnade und Wahrheit« (1, 14). Bei Johannes verläuft dann Jesu Leben während

Der Evangelist Lukas war Arzt und Gefährte des Apostels Paulus. Er starb als Märtyrer.

seines öffentlichen Wirkens im Unterschied zu den anderen Berichten erheblich bewegter: Er zieht drei Mal zum Passahfest nach Jerusalem (daher die Annahme, dieses Wirken habe vielleicht volle drei Jahre umfasst) und vollbringt andere und großartigere Wunder. Vor allem aber spricht er eine andere Sprache: Er benutzt nicht die sonst gewohnten schlichten und prägnanten Gleichnisse, sondern hält tiefgründige theologische Reden von hoher Abstraktion.

Das Johannesevangelium ist ein Zeugnis für die ständige Weiterentwicklung der Überlieferung. In ihm hat sich die Theologie der jungen Kirche (zu griechisch *kyriakón:* »das zum Herrn gehörige [Haus]«) niedergeschlagen, nämlich die Lehre, die aus der Berührung des Christentums mit hellenistischem Gedankengut entstanden ist. Ungeklärt ist, wie weit die anderen Evangelien bei der Abfassung des Johannestextes bekannt waren. Es will aber diese weder ergänzen noch ersetzen. Als sicher kann jedenfalls gelten, dass der Apostel Johannes, der Lieblingsjünger Jesu, nicht als Verfasser in Frage kommt, wie es in der Tradition behauptet wird. Der theologische Tiefgang, die späte Endredaktion und allerlei Überarbeitungen machen einen Augen- und Ohrenzeugen von Leben und Reden Jesu als Autor höchst unwahrscheinlich. Sein Evangelium fand rasche Verbreitung, vor allem in Ägypten; von seinem theologischen Ansatz her sind besonders die Ostkirchen geprägt. Johannes wird mit dem Symbol des Adlers dargestellt, sein Heiligentag ist der 26. September.

Noch vier weitere neutestamentliche Schriften werden ihm zugerechnet: drei Johannesbriefe und das letzte Buch des Neuen Testaments, die Offenbarung (griechisch: *Apokalypse*). Sie ist wohl als Trostbrief für die nach Nero unter Kaiser Domitian erneut verfolgten Christen um das Jahr 96 geschrieben worden und entwirft

Johannes ist nach altkirchlicher Tradition nicht nur der Verfasser des Johannesevangeliums, sondern auch Autor der Briefe und der Offenbarung.

in schwer deutbaren Bildern von magischer Kraft ein eschatologisches (endzeitliches) Geschehen, durch das die gegenwärtigen Leiden als Prüfungen und Zeichen für das baldige Kommen des Herrn gedeutet werden. Die Entscheidung zwischen den Mächten des Bösen und dem Reich Gottes ist durch Christi Erlösungstat und Auferstehung schon gefallen. Er wird am Jüngsten Tag Gericht halten über die Menschen und, so sagen die Verse 4 und 5 des 21. Kapitels: »Gott wird abwaschen alle Tränen von ihren Augen, und der Tod wird nicht mehr sein, noch Leid und Geschrei noch Schmerz wird mehr sein; denn das Erste ist vergangen. Und der auf dem Thron saß, sprach: Siehe, ich mache alles neu.«

Frühe Verbreitung

Damit war der Kanon der Schriften des Neuen Testaments in einer erstaunlich kurzen Frist in Umrissen festgelegt, auch wenn noch lange in den Gemeinden viele später ausgesonderte mystische und esoterische Schriften zum Gottesdienstehren kamen. Mit Bildung von kirchlichen Instanzen setzte sich der Kanon letztlich durch, wie wir ihn heute kennen: Evangelien, Apostelgeschichte, Paulusbriefe, Briefe anderer Apostel (Petrus, Johannes, Judas, Jakobus), Offenbarung. Diese Grundlegung war ein wichtiger Grund, dass bei aller Vielfalt der Schulen und bei der folgenden weiten Verbreitung des Christentums der Kern der Lehre bewahrt blieb, ja trotz mancher Spaltungen und erbitterter Kämpfe Gemeingut aller Konfessionen geblieben ist.

Titus Flavius Domitian (51–96) war wegen seines despotischen Regiments gefürchtet. Nach Nero verfolgte er ebenso wie dieser die Christen. Er wurde infolge einer Verschwörung, der sich auch seine Frau angeschlossen hatte, ermordet.

Mehrere Gründe sorgten für die erwähnte wachsende Verbreitung: Von der Eigenwerbung durch das musterhafte Leben der Christen war schon die Rede, hinzu kamen eine Periode der relativen politischen Ruhe unter den so genannten Adoptivkaisern im 2. Jahrhundert und dann eine Öffnung für östliche Weisheitslehren unter den ihnen nachfolgenden Dynastien der Severer und der syrischen Kaiser. Und: Was zunächst die Ruhe für die Konsolidierung leistete, brachten die Unruhen des 3. Jahrhunderts für die Ausbreitung: Mit den Soldatenkaisern und ihren Heeren zogen Christen durch alle Reichsteile, und es kam zu Gemeindegründungen bis nach Britannien und Tunesien (Provinz Africa); im Nahen Osten waren schon von Jerusalem aus »Filialen« in Ägypten, Äthiopien, Arabien, Babylonien, Kleinasien und Persien ins Leben gerufen worden.

Es kann nicht Wunder nehmen, dass eine sich so erfolgreich ausdehnende Lehre Gegner auf den Plan rief und Gerüchte provozierte wie schon zur Zeit Neros. Der Staat aber griff sie selten auf, sodass die Auseinandersetzungen auf intellektueller Ebene geführt wurden. Auf christlicher Seite taten sich hier die so genannten *Apologeten* (griechisch: Verteidiger) hervor, die den Menschen den Christenglauben zu erklären versuchten. Sie ließen sich dabei auf die von der griechischen Philosophie geprägte Vorstellungswelt ihrer Zeit ein. Damals traten erste bedeutende Theologen hervor wie Justinus, ein um 110 geborener Grieche aus Palästina, der um 135 zum Christentum übertrat. Als ausgebildeter Philosoph beherrschte er die Debattierkunst in besonderer Weise und war unermüdlich wandernd und predigend tätig. Bekannt wurden seine beiden Schriften »Apologie«, die der Bewegung den Namen gab, und der »Dialog mit dem Juden Tryphon«, in dem er jüdische Einwände gegen die Gleichsetzung Jesu mit dem biblischen Messias entkräftete. Justinus setzte alles Wahre, also auch die Aussagen der Propheten, die Christus angekündigt hätten, mit dem Christlichen gleich. Dieses wiederum sei dasselbe wie die im Logos, dem göttlichen Wort, geoffenbarte Weltvernunft. Um 165 soll Justinus als Märtyrer gestorben sein.

Eine Generation jünger war Irenäus, der 177/178 zum Bischof von Lyon berufen wurde und dort 202 starb. Er wandte sich vor allem gegen gnostische Einflüsse auf das junge Christentum in seiner Schrift »Entlarvung und Widerlegung der falschen Gnosis« und berief sich dabei auf die Tradition, wie sie in der ununterbrochenen Folge der Bischöfe von Rom und ihren Lehren gegeben sei. Auch wehrte er die Trennung des Erlösers vom Schöpfergott damit ab, dass er die Verbindlichkeit auch des Alten Testaments für den christlichen Glauben betonte.

Waren die beiden letztgenannten christlichen Wortführer griechisch geprägt, so steht Tertullian, der um 160 in Karthago zur Welt kam, für die lateinische Denkweise. Er verteidigt seinen um 190 angenommenen Glauben durch Gegenangriff auf den Widersinn heidnischer Kulte und nutzt dabei seine juristische Ausbildung. Er wirbt für seine Position nicht mit philosophischen Spitzfindigkeiten, sondern stellt das Christentum als eine Ethik der Tat dar, die Ergebnis des richtigen Glaubens sei. In der Taufe sieht er eine Art göttliche Arznei, die vom Verlangen nach dem Bösen heile. Aus seiner sittlichen Haltung ergeben sich für ihn auch rigorose Konsequenzen etwa dahingehend, dass es Sünden gebe, für die Verzeihung nicht zu erlangen sei, etwa solche gegen den Glaubenskern, also Christus selbst in Gestalt des Heiligen Geistes. Auch verlangte er große Strenge gegen sich selbst, setzte sich für das Verbot einer zweiten Ehe ein und entwickelte sich in asketischer Richtung.

Lehre und Organisation

Damit, aber auch allein damit entspricht er zentralen Ansichten des wohl bedeutendsten der frühchristlichen Theologen, der nachhaltig wirkte, auch wenn er im 6. Jahrhundert als Ketzer gebrandmarkt wurde: Origenes, um 185 im ägyptischen Alexandria geboren und 254 in Tyrus den Märtyrertod gestorben, war in keiner Weise so handfest wie Tertullian, aber ebenfalls

Diese Szene (Mitte des 14. Jahrhunderts) zeigt die Kreuzigung Jesu mit den Heiligen Andreas, Justinus, Katharina von Alexandrien und Nikolaus.

davon überzeugt, dass der Mensch nicht alles von Gott erwarten dürfe, sondern selbst an sich arbeiten müsse, wolle er den Weg zu Gott finden. Gott aber verstand er ganz im Sinne der klassischen griechischen Philosophie als das unveränderbar ursprungslose Gute, aus dem heraus der Logos in Form der Welt des Geistes und aus dem auch die Welt des Stofflichen entstanden ist. Der Mensch stammt danach aus der Geisteswelt, sei der ihm verliehenen Willensfreiheit aber nicht gewachsen gewesen und vom Guten ab- und dem Bösen anheimgefallen. Dies muss er durch Gefangenschaft in der materiellen Welt büßen und sich vor Sehnsucht nach seiner geistigen Heimat und mithin nach Gott verzehren. Da ihm aus eigenen Kräften der Rückweg nicht möglich ist, kommt ihm Gott sozusagen entgegen durch seinen Mensch gewordenen Logos-Sohn Christus. Dieser zeigt denen, die zur Gotterkenntnis fähig sind, den Weg zur Selbsterlösung durch Sprengung der materiellen Fesseln. Die anderen kauft er durch sein Leiden und Sterben frei von Teufel und Tod.

Am Schicksal von Origenes wird klar, dass das Christentum noch keineswegs folgenlos akzeptiert war. Immer wieder kam es zu staatlichen Verfolgungen, allerdings nach einer relativ langen Phase der ungestörten Entwicklung. Sie hatte genügt, aus den verstreuten Gemeinden zumindest auf Provinzebene einen kirchlichen Verbund zu schaffen. Durch Briefe und durch Reisen von Geistlichen gab auch schon so etwas wie eine reichsweite Verständigung oder genauer: Debatte, denn über viele Themen wurde heftig gestritten. Das reichte von der Jungfrauengeburt Jesu über die Wirkung der Taufe bis hin zum dominierenden Thema: War Christus nur Mensch mit göttlichem Auftrag oder ein Gottmensch oder Gott, war er ebenso Gott wie Gottvater oder nur wesensähnlich. Darüber kam es zu tiefgehenden Zerwürfnissen, unter denen die Einheit der Lehre und die Geschlossenheit beim Kampf gegen eine immer noch oft sehr feindliche Umwelt litten. Viele erkannten daher die Bedeutung von effizienter Organisation.

Die Urgemeinde war eine basisdemokratische Gruppe, weil noch sehr übersichtlich und in direktem persönlichem Kontakt. Mit der Ausbreitung lösten sich die Bindungen zwischen den Gemeinden, aber auch innerhalb der rasch wachsenden christlichen Gruppen konnte bald nicht mehr alles gemeinsam geregelt und entschieden werden. Es bildete sich zunächst eine Art Ältestenrat (Presbyterium), dessen Vorsitzender mit der Zeit eine herausragende Bedeutung gewann. Dieses Amt wurde immer stärker mit Autorität aufgeladen bis hin zum allei-

Etwa ab dem 3. Jahrhundert festigte sich die Rolle der Bischöfe. In dieser Buchmalerei aus dem 14. Jahrhundert weihen Bischöfe einen Altar.

nigen Recht der Auslegung von Lehrsätzen und Schriftstellen. Aus dem organisatorischen Gemeindeführer wurde auch der geistliche Wortführer, und in dieser Verbindung zeichnete sich schon die künftige Figur des Bischofs (von griechisch: *epískopos* = »Aufseher«) ab. Geistliche Aufsicht nämlich war dringend nötig in einer Zeit, in der die Heilslehren und religiösen Schulen aus dem Boden schossen.

Die Bischöfe von Regionen trafen sich regelmäßig zu *Synoden* (griechisch »Zusammenkunft«), wählten ihrerseits wieder einen Vorsitzenden, und das war meistens ein Mann mit besonders großer Gemeinde, im Regelfall der Bischof der jeweiligen Hauptstadt der Region und auf der nächst höheren Ebene der Provinz, reichsweit mithin der Bischof von Rom. Bis es dahin kam, brauchte es allerdings einige Zeit, denn neben der politischen Wichtigkeit des Amtssitzes spielte die traditionelle Bedeutung eine Rolle: Jerusalem hatte schon als Schauplatz des heiligen Geschehens herausragende Bedeutung, von Paulus gegründete Gemeinden wie die von Antiochia beanspruchten ebenfalls besondere Aufmerksamkeit, und geistige Zentren wie Alexandria spielten für das Judentum, die griechische Wissenschaft und bald auch für das Christentum eine Rolle als Meinungsführer. Besonders geachtete oder doch beachtete Theologen wie Origenes adelten den Ort ihres Wirkens natürlich zusätzlich.

Die Rangfolge wurde in dem Maß wichtig, in dem den Bischöfen weitere Macht zuwuchs. Sie galten schon im 3. Jahrhundert als Stellvertreter Christi bei heiligen Handlungen und waren allein berechtigt, das Herren- oder Abendmahl zu zelebrieren, das sich von einer schlichten gemeinsamen Erinnerungs-Mahlzeit der Gläubigen zu einem komplizierten Ritus entwickelte. Auch die Messe reglementierten die Bischöfe als Kultträger und reservierten sich die Befugnis, neue Gemeindemitglieder durch Taufe aufzunehmen. Auch diese Handlung wurde daher immer feierlicher ausgestaltet. Schließlich brauchten die hohen Herren Helfer bei der wachsenden Schar der Gläubigen und beriefen diese durch eine Weihe. Die sich entwickelnde Hierarchie verästelte sich mehr und mehr, bis schließlich ein Oberbischof die Bischöfe und diese die Pfarrer beriefen. Die Kluft zwischen dem Volk und den geistlichen Würdenträgern wuchs zusehends, was zu einer gewissen Verweltlichung des Gemeindelebens führte.

Das rief eine Gegenbewegung auf den Plan, in deren Augen die Abkehr von den ernsten Glaubensinhalten eine gefährliche Entwicklung darstellte und die daher eine Rückbesinnung verlangte. Das schien nur in einer Abwendung von der Welt möglich, die mit ihren Verlockungen von der Nachfolge Christi nur ablenke. Es breitete sich ein Einsiedlerwesen (Eremitentum) aus, wobei Gleichgesinnte zueinander fanden, die auf Reichtum, Sexualität und Genüsse verzichten wollten, um ganz dem Glauben zu leben. Dabei spielte auch die nicht nur im Christentum verbreitete Ansicht eine Rolle, die materiell-leibliche Welt sei böse und müsse so weit möglich überwunden werden. Allein, bald auch in Gruppen zogen sich diese »Mönche« genannten

Hieronymus lebte als Einsiedler in Syrien, fungierte als Ratgeber des Bischofs Damasus in Rom und war später Klostervorsteher.

Der Heilige Antonius wird allgemein als der Vater des Mönchtums betrachtet. Bevor er im Jahre 356 starb, hatte er viele Jahre als Einsiedler in der Wüste verbracht. Sein Kennzeichen ist das T-förmige Kreuz.

Männer (von griechisch *monachos* = allein Lebender) in die Einsamkeit zurück, in Höhlensysteme und Wüstengebiete.

Einer der berühmtesten wurde der Heilige Antonius (251–356), um dessen »Versuchungen« sich zahlreiche Legenden rankten und dessen Einsiedelei in Mittelägypten zum Pilgerziel wurde. Die anderen Eremiten der Gegend erwählten ihn sich zum »Vater« (hebräisch: *abba*, daher das Wort »Abt« für den Klostervorsteher) und zeigten damit, dass auch viele Einsiedler ihr Christentum in Gemeinschaft leben wollten, wie von Jesus immer gefordert.

Diesen Gedanken betonte auch des Antonius Zeitgenosse und Landsmann Pachomius (287–347), der damit zum Begründer des Klostermönchtums vor allem östlicher Prägung wurde. Im Westen setzte sich der umfassendere Ordensgedanke durch, doch erst später, als die politischen Voraussetzungen günstiger geworden waren.

V Staatsreligion

Die immer festere Organisation der Kirche, nach damaligem Verständnis nur strikt hierarchisch denkbar, half der immer noch jungen Religion, staatliche Angriffe zu überstehen. Waren früher die Behörden meist nur auf Anklage oder Verdächtigung hin gegen Christen tätig geworden, so kam es im 3. und zu Beginn des 4. Jahrhunderts zu drei zentral gelenkten Verfolgungen unter Kaiser Decius im Jahr 249, unter Kaiser Valerian 257 und zu einer der schwersten, aber auch letzten unter Diokletian seit 303. Dahinter stand ein gewandeltes Kaiserverständnis, nach dem der Herrscher als Statthalter der Götter selbst göttliche Verehrung verlangte. Und es spielte eine Rolle, dass die Kaiser durch die neue Religion mit ihrem Unbedingtheitsanspruch den Zusammenhalt des Imperiums gefährdet sahen. Daher versuchten sie die Loyalität aller Bürger durch Bekenntnis zum Kaiserkult zu erzwingen. Den Anhängern von Vielgötterkulten fiel das nicht schwer, für Christen aber trat nun der Fall ein, dass sie nicht mehr dem Kaiser geben konnten, was ihm nach eigener Ansicht zustand. »Gebt Gott allein die Ehre!« rangierte für sie in diesem Punkt klar vor ihrer Loyalität zum Kaiser; eine Brücke gab es da nicht.

Es ging aber nicht nur um Ideologie, sondern auch um Macht. Die Kaiser sahen mit Besorgnis, wie sich auch in Heer und Verwaltung Christen in Schlüsselpositionen schoben und dass trotz ihrer ausgeprägten Mildtätigkeit einzelne erhebliche Reichtümer hatten ansammeln können. Kurz: Die Gefahr, dass da ein Staat im Staat heranwuchs, war nicht mehr von der Hand zu weisen. Schon Tertullian, von dem wir oben gehört haben, hatte unverhohlen gedroht:

> *»Wir können ohne Waffen und ohne Aufruhr, nur auf Widerspruch und Trennung bedacht, den Kampf gegen euch aufnehmen. Wenn wir uns nämlich, so zahlreich wie wir sind, in den entlegenen Winkel der Erde davonmachen würden, so untergrübe der Verlust so vieler Bürger euer Reich, schon der Abfall träfe euch hart. Erschrecken müsstet ihr in eurer Verlassenheit, in der unheimlichen Ruhe und in der Erstarrung der ausgestorbenen Welt. Da könnt ihr euch dann nach Untertanen umsehen! Die Feinde an den Grenzen wären dann zahlreicher als die Bevölkerung des Reiches.«*

Inzwischen war diese allzu kühne Vision schon so absurd nicht mehr, wie Valerian erleben musste. Als er seine Maßnahmen gegen die Christen zur Erzwingung des Opfers für den Kaiser in Gang setzte, kam es nicht nur zur Verweigerung und zu massenhaftem Märtyrertum, das wie schon unter Nero die Schar der Christen nur vergrößerte – viele verweigerten nun auch den Wehrdienst für den »Antichrist«. Bisher hatten sie ihm bereitwillig gegeben,

Die letzte große Christenverfolgung fand ab 303 unter der Ägide des Kaisers Diokletian statt.

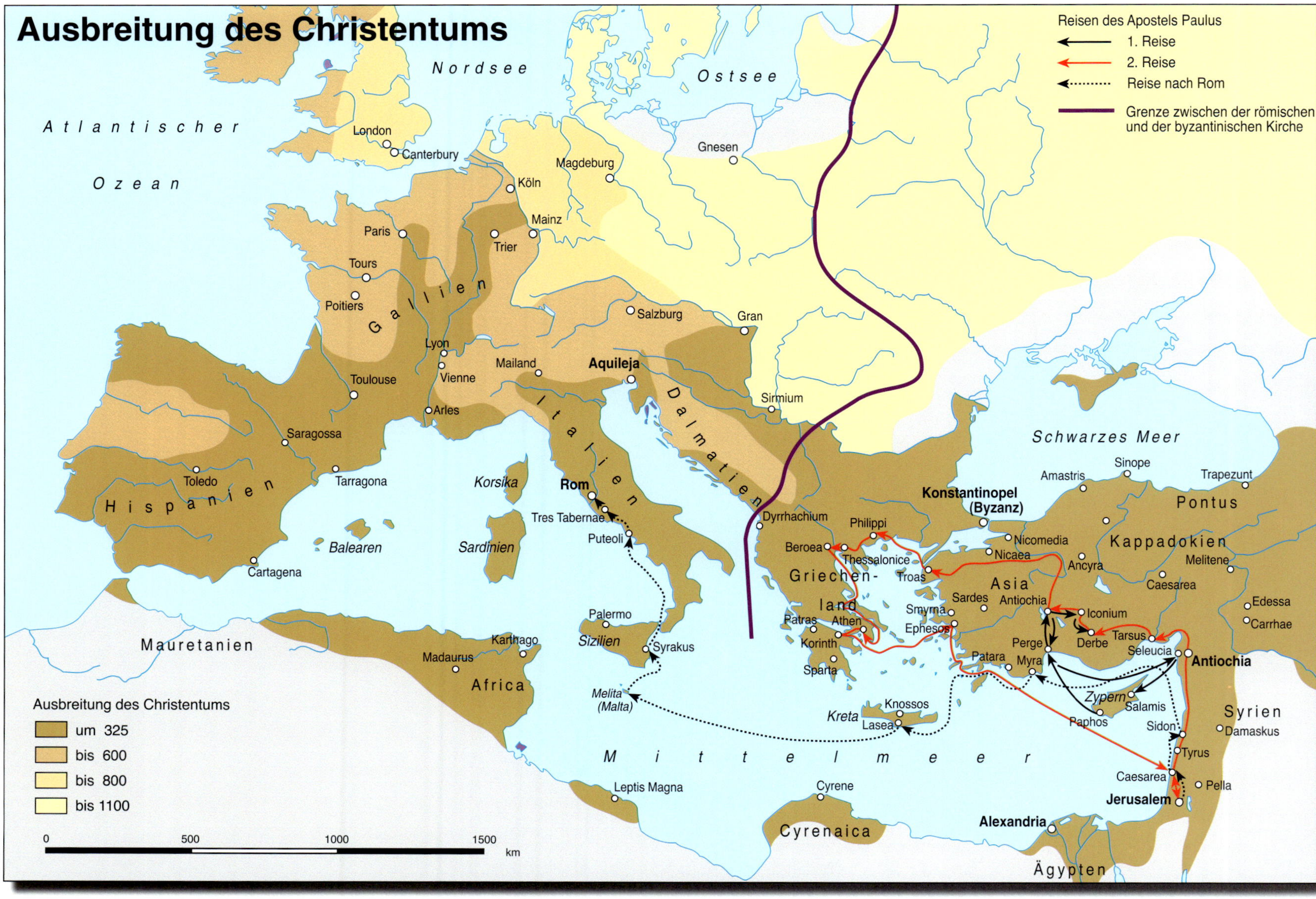

was des Kaisers ist, doch da er nun auch noch das wollte, was Gottes ist, sollte er gar nichts bekommen, wobei vielen Christen der Waffendienst ohnedies als Sünde galt, sie erinnerten an Christi Wort über das Schwert. Die Christen erlebten den Triumph, dass Valerian 260 in die Gefangenschaft der Parther geriet und darin umkam. Deutlicher konnte Gottes Strafe für den Frevler nicht ausfallen. Valerians Sohn Gallienus beeilte sich daher, den Christen die eingezogenen Güter zurückzugeben und mit ihnen Waffenstillstand zu schließen.

Letzter Kraftakt gegen die Christen

Er hielt über vierzig Jahre, eine Zeit, die von der Kirche zu weiterer Festigung genutzt wurde. Das hinderte den seit 283 herrschenden Diokletian nicht, nach Erledigung anderer vordringlicher Reformen, erneut die Christenfrage zu stellen. Er sah nur in der Rückkehr aller Bürger zum angestammten römischen Glauben eine Chance zur Wiederherstellung der Stabilität des Reiches; den Kaiserkult empfand er dabei als zentral. Im Jahr 303 schlug er gegen die

Christen los, allerdings folgten ihm dabei seine Mitregenten in unterschiedlichem Maße. Im Ostteil des Reiches ging Galerius mit aller Schärfe vor, im Westen begnügte man sich meist mit Schikanen und sah von Todesurteilen ab. Diokletian selbst zog sich schon 305 auf sein Altenteil zurück und überließ diese letzte große Frage seiner langen Regierung den Nachfolgern. Und die mussten einsehen: Eine Ausrottung des Christentums war längst unmöglich geworden. Selbst Christenfresser Galerius kapitulierte, denn gerade in seinem östlichen Reichsteil hätte die konsequente Umsetzung die Austilgung ganzer Städte bedeutet.

Er gab aber erst nach Strömen von Blut auf, dann allerdings mit einer bemerkenswerten Kehrtwendung, die als Beginn eines neuen Kapitels der Kirchengeschichte gelten kann. Im Jahr 311 erließ er ein Edikt, in dem es nach dem Eingeständnis, dass die Christen offenbar in ihrer »Torheit« nicht zu erschüttern seien, hieß:

»Und da ... wir sehen mussten, dass sie weder den Göttern den Dienst und die geschuldete Ehrfurcht erweisen noch ihren Gott der Christen verehren, da haben wir in Anbetracht unserer sanften Milde ..., darauf vertraut, auch auf diesem Fall unsere Gnade ausdehnen zu müssen: Sie sollen wieder Christen sein ... unter der Bedingung, dass sie in keiner Weise gegen die öffentliche Ordnung handeln ... In Ansehung dieses unseres Gnadenerlasses, sollen sie daher zu ihrem Gott für unser Wohlergehen, für das des Staates und für ihr eigenes beten.«

Angesichts der klaglosen Bereitschaft so vieler Menschen, für ihren Glauben zu sterben, fürchtete der Kaiser, Gefangener der Vorstellungswelt seiner Zeit, dass hinter diesen Unbeugsamen ein Gott stehen könne, der womöglich doch mächtiger als Jupiter, Juno & Co. war. Deswegen auch die Schlussformel mit der Weisung, für ihn und den Staat zu beten – sicher ist sicher. Und deswegen auch die Sorge, die es ihm bereitete, dass einige weniger standhafte Christen angesichts der Verfolgung, sogar nicht einmal mehr zu ihrem Gott beteten. Besser, sie glaubten überhaupt etwas, als dieses feige Abseitsstehen.

Aus dem 1. Jahrhundert n. Chr. stammt dieser Marmorkopf, der die Göttin Juno, von den Römern mit Hera gleichgesetzt, zeigt.

Damit war erstmals die Duldung der neuen Religion von allerhöchster Stelle ausgesprochen worden. Zunächst war das Christentum damit nur ein Kult unter vielen, doch die Kapitulation des Staates deutete schon an, dass weitere Schritte folgen würden. Für damaliges Verständnis war ein staatliches Leben ohne religiöse Fundierung undenkbar. Die christliche Frage stellte sich für die Kaiser mit neuer, nun aber ganz anders begründeter Dringlichkeit.

Galerius starb zwar noch im gleichen Jahr des Edikts und sein Nachfolger Maximinus setzte die antichristliche Agitation fort, doch das waren Rückzugsgefechte, wie sich sogleich zeigen sollte. Im Westen nämlich rangen Maxentius und der bei der Nachfolgeregelung übergangene Kaisersohn Konstantin um die Herrschaft, da setzte, glaubt man der Legende, Gott das entscheidende Zeichen: In der Nacht vor der Schlacht der beiden Heere am 28. Oktober 312 an der Milvischen Brücke bei

Im Kampf um den Kaiserthron besiegt Konstantin 312 bei der Schlacht an der Milvischen Brücke seinen Konkurrenten Maxentius.

Rom, erschien dem schlafenden Konstantin im Traum über der Sonne ein Kreuz aus Licht mit der Inschrift: »In hoc signo vinces – In diesem Zeichen wirst du siegen.« Er ließ am Morgen das Christusmonogramm auf seine Feldzeichen nähen und schlug den Rivalen vernichtend. Ob erfunden oder tatsächliche Vision: Im römischen Denken setzte sich die Überzeugung fest, dass man es beim Christengott mit einem vorzüglichen Schlachtenlenker zu tun habe, eine Karriere, wie sie nach seinerzeitigen Maßstäben nicht glänzender zu denken war.

Das Toleranzedikt, das Konstantin im Jahr darauf zusammen mit seinem Mitregenten Licinius in Mailand herausgab, machte das Christentum offiziell zur erwünschten Religion, wenn auch noch nicht zur einzigen. In den kommenden Jahren wurde aber zunehmend deutlich, dass sie auf dem Weg dorthin war. So schaltete sich der Kaiser in den Streit um den abtrünnigen Bischof Donatus in Afrika ein, und auch wenn er die Differenzen nicht ganz beizulegen vermochte, so zeigte sein Engagement doch, wie wichtig ihm eine einheitliche katholische (griechisch: »allgemeine«) Kirche war. Er legte sich einen Bischof als Berater in Kirchenfragen zu und berief selbst Bischofssynoden ein. Auf einer in Arles im Jahr 314 erlangte er die kirchliche Verurteilung von Soldaten, die den Dienst verweigerten. Aus der Kirche der Feindesliebe und der radikalen Friedfertigkeit war schon kurz nach dem Aufstieg zum begünstigten Kult eine Art verlängertes Schwert des Herrschers geworden. Das Bündnis Thron und Altar nahm erste Formen an.

Arianismus

Es lohnte sich für die Kirche, denn sie erhielt nach und nach immer mehr Einfluss. Ihr wurde das Recht zur Freilassung von Sklaven übertragen, sie durfte Erbschaften annehmen, sie sicherte sich die bischöfliche Schiedsgerichtsbarkeit in Zivilsachen von Gläubigen, und im Jahr 321 durfte sie sogar erleben, dass der Herrentag, der Wochentag, an dem Christus wieder auferstanden war, also der Sonntag, zum staatlichen Feiertag erklärt wurde. Als Konstantin im Jahr 324 den Mitherrscher Licinius ausgeschaltet hatte, wurde sie zur Reichskirche, und der ungetaufte Kaiser zum Herrn auch der Kirche. Er bewies das erneut, als ein folgenreicher Streit in der Kirche ausbrach, den die Theologen auf Kirchenebene nicht zu schlichten vermochten.

Ein Christogrammanhänger aus dem 4. Jahrhundert.

Konstantin der Große. Kopf einer Kolossalstatue aus der Konstantinsbasilika, 330 n. Chr., Innenhof des Konservatorenpalastes, Rom.

V Staatsreligion

Wie erwähnt, trieb die Frage nach der Stellung Christi zu Gottvater die Gottesgelehrten schon lange um. Jetzt, da der Verfolgungsdruck gewichen war, stellte sie sich mit neuer Heftigkeit, denn die gewonnene Freiheit erwies sich auch als eine zu neuen Debatten. Unterschiedliche Auffassungen gab es auf vielen Gebieten. Wenn es aber um den Stifter der Religion selbst ging, musste Einigkeit um jeden Preis erzielt werden, weil sonst die Kirchenspaltung drohte. Wortführer im neuen Streit war der alexandrinische Presbyter Arius (um 260–336), der es für unmöglich hielt, dass Jesus ebenso ewig sei wie Gott selbst. Gott habe ihn geschaffen wie die Welt und ihn in sie entsandt zu ihrer Erlösung. Damit sei er ein Zwischenwesen zwischen dem Schöpfer und der Welt als vermittelnder »Logos« (sozusagen Sprecher des Vaters). Das rührte an die Wurzeln des Bekenntnisses und an den Bestand der Kirche, denn die Lehre von Jesus als »zweitem Gott« fand Anhänger vor allem bei Menschen, die sich unter der schwierigen Konstruktion eines dreieinigen Gottes nichts vorzustellen vermochten.

Konstantin, der auch deswegen in die Geschichte als »der Große« eingehen sollte, berief 325 die erste reichsweite Synode der Bischöfe ein, das so genannte 1. Ökumenische Konzil (von *oikumene:* »bewohnte Erde«) nach Nicaea (Nizäa, heute Iznik) in Bithynien (Kleinasien) ein. 300 überwiegend aus dem Osten des Reiches stam-

Dieses Fresko aus dem Vatikan entstand um 1600. Die Szene ist eine Darstellung des 1. Ökumenischen Konzils zu Nicaea 325 n. Chr.,das die Ächtung der arianischen Lehre beschloss.

Gegenüberliegende Seite: Mit dem Bau der Peterskirche in Rom wurde 324 unter Konstantin begonnen. Der Grundstein zu der heutigen Papstkirche wurde 1506 gelegt.

mende Bischöfe folgten seinem Ruf und verabschiedeten nach ausführlichen Diskussionen das später noch ergänzte Nicänische Glaubensbekenntnis *(Symbolum Nicaenum)*, das Basis des noch heute gültigen ist. Es verwarf die Thesen des Arius, und stellte fest, dass Christus mit Gottvater wesensgleich, genauer: wesenseins (griechisch: *homousios*) ist. Der Spruch wirkte festigend, die Anhänger des Arius unterwarfen sich ihm in der Mehrzahl, auch Arius fand dank Konstantin in die Kirche zurück, die ihn nach der endgültigen Durchsetzung des Nicaenums auf dem Konzil des Jahres 381 dann doch als Ketzer verurteilte. Germanische Stämme aber an den Rändern des Reiches, die sich um Konzilsbeschlüsse natürlich nicht kümmerten, wenn sie denn überhaupt davon erfuhren, waren inzwischen arianisch missioniert worden, was nachhaltige politische Wirkungen haben sollte.

Der Kaiser als Kirchenfürst

Obwohl sich der Kaiser noch nicht offiziell durch Taufe zum Christentum bekannt hatte, wohl um die anderen Kulturen nicht noch mehr zu irritieren, verstand er sich als geweihter Herr der Kirche. Dieses Selbstverständnis wird deutlich in seiner umfangreichen Bautätigkeit auf sakralem Gebiet. Er stattete insbesondere Rom mit aufwändigen Kirchenbauten aus, zum Beispiel um 324 über der Stelle, wo nach der Überlie-

ferung Petrus den Märtyrertod erlitten hatte. Ein Inschrift in der gewaltigen Basilika (von griechisch: »Königshalle«) sagt: »Weil unter deiner Führung die Welt triumphierend erstanden, hat dir Constantinus der Sieger die Aula gegründet.« Auch im Heiligen Land, das die Kaiserinmutter Helena mehrfach bereiste, ließ Konstantin an den heiligen Stätten Gethsemane, Golgatha, dem Ölberg und in Bethlehem Kirchen errichten, unter denen die fünfschiffige Bethlehemer Geburtskirche mit dem oktogonalen (achteckigen) Chor und die prachtvolle Grabeskirche in Jerusalem besonders zu nennen sind.

Diese Bautätigkeit erlebte ihren Höhepunkt bei der Entstehung von Konstantinopel (heute Istanbul), der neuen Hauptstadt des Reiches auf dem Boden der alten Stadt Byzanz am Bosporus im Jahr 330. Zwar wurde die mächtige Sophienkirche (Hagia Sophia) erst 360 vollendet, doch trug die Planung deutlich die Handschrift des ersten christlichen Herrschers über das Weltreich. Sein Mausoleum wurde mit grabähnlichen Stellen für die zwölf Apostel versehen, in deren Mitte sein Sarkophag stand, sodass er als dreizehnter »Apostelgleicher« die ewige Ruhe finden würde. Die Verehrung für Konstantin nahm in der östlichen Kirche Formen eines christlich gewendeten Kaiserkults an, während der Westen distanzierter blieb. Gleichwohl berief sich auch die westliche Kirche auf den großen Herrscher, als sie die Legende in die Welt setzte, er habe ihr zum Dank für den Sieg dank Christus die »Konstantinische Schenkung« gemacht, eine frühmittelalterliche Fälschung, aus der die Kirche und das Papsttum weitreichende Rechte herleiteten.

Unter den Nachfolgern setzte sich die aktive Förderung der Kirche fort, allerdings nun mit immer stärkerer antiheidnischer Spitze. Zunehmend wurden Staat und Kirche als Einheit gesehen, wobei sich die großen Missionserfolge der Kirche in den Randgebieten des Reiches, ja sogar jenseits der Grenzen als stabilisierend für den Thron erwiesen. Beide Seiten aber erlebten einander auch als Problem: Die Kaiser legten natürlich gesteigerten Wert auf eine einheitliche Kirche und sahen mit Sorge theologische Streitigkeiten. Manchmal gingen sie wie Kaiser Konstans in Afrika auch gegen abtrünnige Gruppen wie die Dona-

Eine der gewaltigsten Kirchen wurde 360 vollendet: die Sophienkirche in Konstantinopel. Nach dem Sieg der Osmanen wurde sie 1453 als Hagia Sophia zur Moschee.

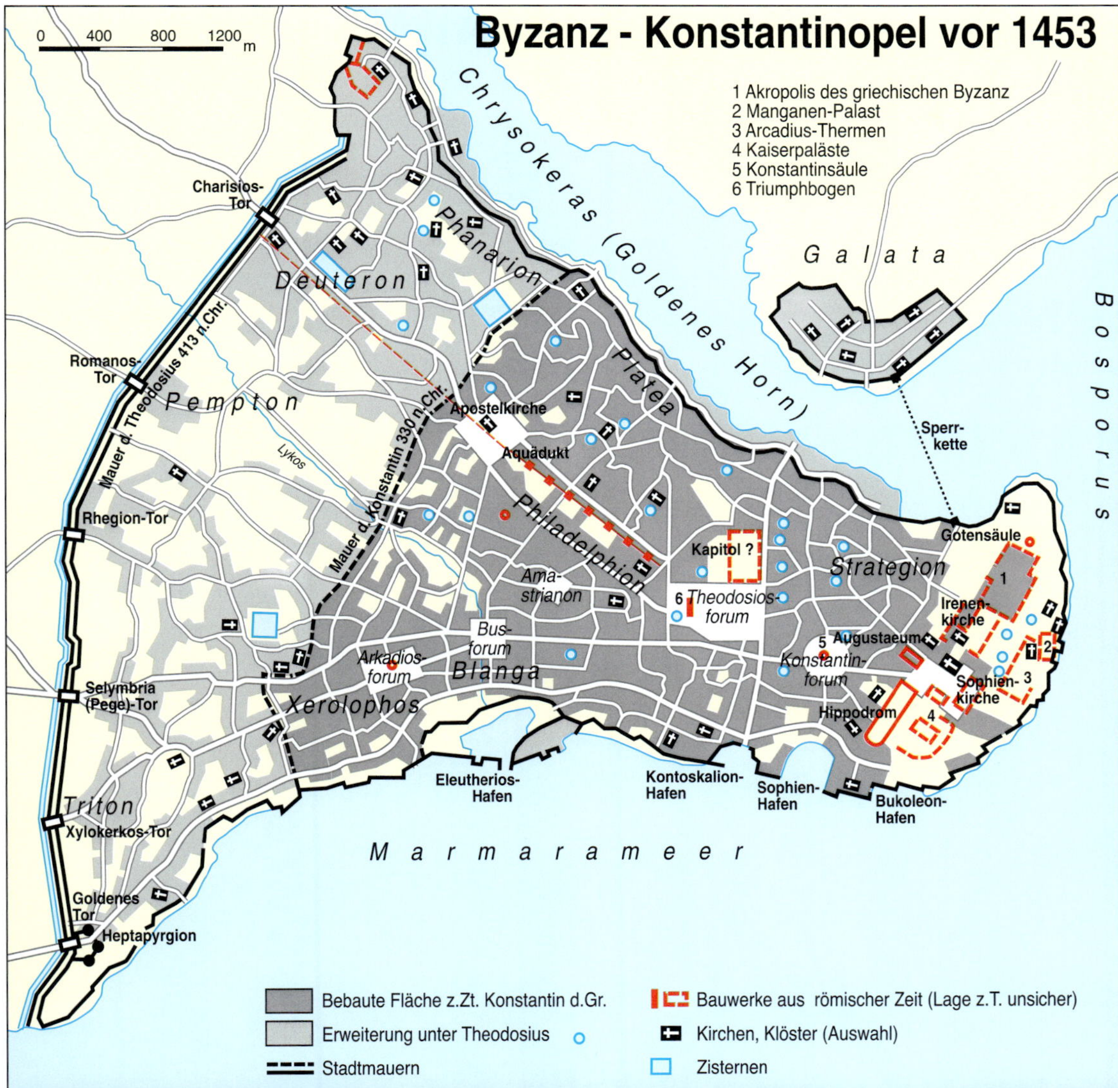

tisten mit Waffengewalt vor. Die ernsten Theologen dagegen sahen in der zunehmenden Verflechtung von Kirche und Staat eine Gefahr für die spirituelle Reinheit, weil Ämter lockten und kaiserliche Gunstbeweise für manche Bischöfe wichtiger wurden als die Lehre von jenem Christus, der zu den Mühseligen und Beladenen gekommen ist. Die Kirche drohte ihre Seele an die Macht zu verkaufen.

Diese Tendenz zur Verweltlichung erhielt auch dadurch einen wichtigen Impuls, dass nun vermehrt Menschen aus eigensüchtigen Gründen zum Christentum übertraten. Sie nahmen es mit dem Glauben nicht genau, sondern wollten nur mit der richtigen Glaubenszugehörigkeit Karriere machen. Das führte zur Senkung der Anforderungen an den »echten« Christen und zugleich zu einem Zustrom heidnischer Anschauungen durch die nur oberflächlich Bekehrten, was am Eindringen heidnischer Kultformen zu erkennen war. Das Glaubensbekenntnis verkam nicht selten zum bloßen Lippenbekenntnis. Außerdem waren viele Menschen einfach überfordert von dem komplizierten Lehrgebäude der Kirche; sie brauchten Bilder, Kerzen, Weihrauch und sinnliche Symbole, die ihnen bekannt waren. Die Prachtentfaltung der Kirche, die Ritualisierung des Gottesdienstes und der immer üppigerer Festkalender von Weihnachten bis Ostern, von Himmelfahrt bis Mariä Geburt waren nicht zuletzt darauf zurückzuführen. Hierhin gehören auch das um sich greifende Reliquienwesen und die Heiligenverehrung, die Wallfahrten zu Gräbern von Märtyrern und das Pilgern ins Heilige Land.

Das alles verstärkte sich noch, nachdem Kaiser Theodosius (Regierungszeit 379–395) das Christentum offiziell zur Staatsreligion erhoben und 393/394 alle heidnischen Kulte verboten hatte. Es verstärkte sich aber auch die Gegenreaktion: Nun erfasste auch den Westen die asketische Bewegung, die zurück zu den Wurzeln des Glaubens wollte. Es bildeten sich erste Klöster auch in Italien, die sich zunächst bewusst auch gegen die Bischofskirche von kaiserlichen Gnaden wandten; Wanderprediger riefen zur Umkehr auf. Auch theologisch suchten Kirchenlehrer wie der 395 zum Bischof des nordafrikanischen Hippo Regius ernannte Aurelius Augustinus (354–430) gegenzusteuern.

Augustinus sah das zentrale Problem darin, wie den Menschen ein Leben in Glückseligkeit möglich sei. Seine Antwort war kurz: Glück bestehe im Erreichen und Genießen des höchsten Guten, das in Gott versammelt sei. Genießen bedeute somit, Gott zu erkennen und zu verstehen, indem man die ewigen Wahrheiten begreife. Gegen Skeptiker führte er deren eigene Zweifelsucht ins Feld: Wenn man erkenne, dass man nichts erkennen könne, sei doch zumindest sicher, dass Erkenntnis möglich ist. Gott habe es damit aber nicht bewenden lassen, sondern dem Menschen die Gabe des Erfassens der Wahrheit verliehen durch Gewährung der Teilhabe an seinen, Gottes, Ideen, die dem Weltlauf und damit dem Lebenslauf einen Sinn hin auf das Endgericht Christi und seinen Sieg über das Reich des Bösen gäben. Wie die Teilhabe an den Ideen des Allmächtigen ist der Glaube nach Augustinus eine göttliche Gnade, die uns die Freude am Ewigen schenkt. Sünde hingegen ist die Abkehr davon und die Hinwendung zur Welt um ihrer selbst willen. Die Kirche ist die in Christus von Gott gestiftete Institution, die seine Lehre und seine Gnade vermittelt. Über sie ist Befreiung von der Sünde als rückkehrende Hinwendung zu Gott wieder möglich geworden.

Damit aber hatte Augustinus nicht einer Kirche der Macht und Pracht das Wort geredet, sondern einer, die in Demut das Geschenk der Erlösung durch Christus annimmt und weitergibt. Damit war es aber staatskirchlich vielfach übel bestellt, sodass die Predigt des Kirchenlehrers vor allem

Aurelius Augustinus, einer der ersten Kirchenlehrer. Seine Schriften waren von größtem Einfluss auf die gesamte abendländische Philosophie und Theologie und wirkten besonders auf die spätere Entwicklung der Franziskaner und Dominikaner.

den Würdenträgern galt. Sie hörten aber kaum hin; die Ideen des Augustinus wirkten erst mit Verzögerung, was von der Institution Kirche her gedacht zunächst Vorteile hatte. Ihr Machtstreben gestützt auf die kaiserliche Gunst sollte sich auszahlen, denn es kamen höchst unruhige Zeiten. Die Grenzen des Römischen Reiches, inzwischen endgültig in ein West- und ein Ostreich geteilt, gerieten im 5. Jahrhundert unter erheblichen Druck durch anbrandende Völker vor allem aus dem Norden. Nur zeitweilig ließ sich dem damit begegnen, dass die Kaiser ihnen eine Heimstätte im Reich gewährte und dafür ihre Kriegsdienste gegen die nachdrängenden Stämme der Germanen forderten. Es war absehbar, dass die Dämme endgültig brechen würden.

Der Untergang des Weströmischen Reiches

Der Westteil des Reiches geriet besonders in Gefahr, zumal die Ostkaiser etwa die vor den Hunnen ausweichenden und aus dem Donauraum herandrängenden Goten gern nach Westen ablenkten. Mehrfach drangen Germanen bis nach Rom vor, erstmals die Westgoten unter Alarich (König 395–410) im Jahr 410, danach die in Afrika sesshaft gewordenen Vandalen unter Geiserich (König 428–477) im Jahr 455 und endgültig die Ostgoten unter Theoderich

Im Jahre 455 eroberte der Vandalenkönig Geiserich Rom und begann mit einer zweiwöchigen Plünderung. Die Herrschaft der Ostgoten in Italien, die 493 durch den Sieg Theoderichs in Ravenna besiegelt wurde, hatte begonnen.

(König 471–526) im Jahr 493, der den letzten römischen Statthalter, ebenfalls einen Germanen, besiegte und ein gotisches Königreich in Italien begründete. In diesem 5. Jahrhundert der Wirren wuchs die Bedeutung der Kirche als Stabilitätsfaktor erheblich, was gerade im Westen segensreich war, wo die kaiserliche Autorität rapide verfiel, während sich im Osten das Modell des Kaisers auch als Herr der Kirche hielt, der daher so genannte Caesaropapismus. In dem Begriff steckt das Wort »Papst« als Bezeichnung für den obersten aller Bischöfe. Es wurde bereits erwähnt, dass mehrere Städte den Rang eines Sitzes dieses Oberbischofs für sich beanspruchten. Nun in der großen Not des Westreiches setzte der Bischof Rom seine Oberhoheit durch, indem er auf die Begründung der römischen Gemeinde durch Petrus verwies, in dessen direkter ununterbrochener Nachfolge er stehe. Schließlich habe der Herr zu diesem seinem vornehmsten Jünger gesagt: »Du bist Petrus, und auf diesen Felsen will ich bauen meine Gemeinde, und die Pforten der Hölle sollen sie nicht überwältigen. Ich will dir die Schlüssel des Himmelreichs geben; alles, was du auf Erden binden wirst, soll auch im Himmel gebunden sein, und alles, was du auf Erden lösen wirst, soll auch im Himmel gelöst sein« (Matthäus 16, 18). Daraus leitete spätestens Leo I. der Große (Papst 440–461) seinen Anspruch her und erlangte auch politisch eine den schwachen Kaiser fast überragende Stellung.

Nach dem Untergang des Weströmischen Reiches sorgten die Päpste als einzige für die Kontinuität der antiken Traditionen, wenn auch nun im christlichen Gewand. Sie wurden zu den entscheidenden Figuren bei der Aufgabe, die Belange der Bevölkerung den neuen germanischen Herren gegenüber zu vertreten und kraft ihrer geistlichen Autorität die Konflikte in Grenzen zu halten. Insofern fiel die Geburtsstunde der wichtigsten kirchlichen Instanz mit der Sterbestunde des Weströmischen Kaisertum zusammen. Einen Teil der weltlichen Macht erbte die Kirche.

Die beiden Päpste Leo (Papst 440–461) und Gregor (Papst 590–604). Wandmalerei aus dem 11. Jahrhundert in der Sophienkirche in Ohrid (Mazedonien).

Leo der Große kann also als der erste eigentliche »Papa« (lateinisch: »Vater«) gelten, auch wenn die Kirche, wie er selbst, die Papstreihe bis auf Petrus zurückführt. Durch Leo gewann das römische Bischofsamt reichsweite Autorität, als es ihm gelang, den nach Italien vorgedrungenen Hunnenkönig Attila mit seinem Heer 452 zum Abzug zu bewegen. Auch wenn wohl andere Gründe dafür ausschlaggebend waren – es gab eine Seuche unter den hunnischen Soldaten –, so imponierte doch die Furchtlosigkeit, mit der Leo dem Schrecken des ganzen Abendlands entgegengetreten war. Erstaunlicherweise glückte es ihm dann drei Jahre später sogar, die Rom plündernden Vandalen in die Schranken zu weisen. Dabei hatten sie und die anderen Germanenstämme die katholische Kirche gar nicht anerkannt, sie alle waren arianisch missioniert worden und lehnten daher das Nicänische Glaubensbekenntnis ab. Das war auch der Grund, warum es lange nicht zu einer Vermischung der Eroberer mit der römischen Bevölkerung kam.

Noch einmal sank die Bedeutung des Papsttums, als nämlich der oströmische Kaiser Justinian I. (Regierungszeit 527–565) sich daran machte, den verlorenen Westen zurückzugewinnen. 533/534 zerschlug er den Staat der Vandalen in Nordafrika, ließ dann seine Heere nach Italien übersetzen und konnte das Land weitgehend unter Kontrolle bringen, sodass auch der Papst wieder seiner Aufsicht unterstand. Auch wenn erst 553 die endgültige Niederwerfung der Ostgotenherrschaft im einstigen Herzland des Weltreichs gelang, so übte doch der Kaiser von seiner Residenz Konstantinopel aus wieder die Aufsicht aus, machte das schon von Theoderich bevorzugte Ravenna zu seiner Westresidenz und schmückte die Stadt mit bis heute bewunderten Kirchen wie San Vitale (547) oder Sant' Apollinare in Classe (549 geweiht).

Dem byzantinischen Kaiser Justinian gelang es nicht nur, einen großen Teil des Reiches von den Ostgoten zurückzugewinnen; er gab dem Reich mit dem »Corpus Juris« auch eine einheitliche Rechtsgrundlage.

Ora et labora!

Doch auch der nochmalige oströmische Zugriff blieb Episode. 568 brachen die germanischen Langobarden in Italien ein und ließen Ostrom nur einige Enklaven um Rom und Ravenna. Die restliche italienische Bevölkerung stand damit erneut unter Fremdherrschaft, und wieder schlug die Stunde des Papstes, der 590 bis 604 Gregor hieß und der wegen seiner politisch-kirchlichen Bedeutung als »der Große« in die Geschichte einging. Er war ursprünglich ein hoher kaiserlicher Beamter und wurde nun, gestützt auf den ständig wachsenden Landbesitz der Kirche, zum Begründer dessen, was später Kirchenstaat, damals aber *Patrimonium Petri* (Grundesbesitz des Petrus) hieß. Er konnte Rom selbst gegen die Langobarden halten, 598 einen Frieden zwischen ihnen und Ostrom vermitteln und sich zugleich als oberster Kirchenfürst gegen die Ansprüche seines Kollegen in Konstantinopel durchsetzen, der sich schon als »ökumenischen (weltweiten) Patriarchen« bezeichnet hatte.

»Das Gastmahl des Heiligen Gregor des Großen«. Papst Gregor lässt durch seinen Kanzler zwölf arme Pilger an seinen Tisch bitten. Gemälde von Paolo Veronese, 1572.

Gregor schuf auch eine Gottesdienst- und Mess-Ordnung, die sich in den Grundzügen bis heute erhalten hat. Ob er allerdings auch die nach ihm benannte Gregorianische Kirchenmusik prägte, ist nicht sicher. Ebenso wichtig jedenfalls, ja besonders zukunftsweisend war seine Missionstätigkeit bis nach Britannien und sein Erfolg bei der Überzeugung der mehrheitlich noch immer arianisch gesonnenen germanischen Könige vom Vorteil eines Übertritts zum katholischen Glauben auf der Basis des Nicaenums. Das nämlich förderte die Integration der Germanen und stabilisierte die politische Ordnung.

Anders als viele vor ihm ermutigte Gregor fromme Männer, die sich als Mönche um den Glauben bemühten, eine gerade in den Nöten dieser Zeit erneut mächtig gewordene intensive Hinwendung zur wahren Lehre, die mit dem zwei Generationen älteren Benedikt von Nursia (480–547) einen wegweisenden Vertreter gefunden hatte. Die Gründung seines Klosters auf dem Monte Cassino im Jahr 529 verbreitete das Mönchtum über das ganze

Abendland. Der Erfolg lag vor allem darin, dass Benedikt Fleiß und Andacht als Säulen seines Ordens sah: »Ora et labora! – Bete und arbeite!« Eine feste Tageseinteilung unterstützte die Bemühungen um innerlich-gläubige Disziplin. Dieses Mönchtum wurde zum Träger auch der lateinischen Sprache und der antiken Bildung und damit zum Bewahrer der geistlichen Einheit des Abendlands.

Anders als der Westen hielt Ostrom nun auch den gegen seine Grenzen vordringenden Völkern stand. Dabei handelte es sich bei den Angreifern um kriegerisch weit gefährlichere Gegner, nämlich um die im Namen Mohammeds antretenden Muslime, die binnen Kürze den Vorderen Orient und ganz Nordafrika eroberten und bis zu den Pyrenäen vordrangen. Gegen Konstantinopel aber rannten sie dreimal vergeblich an; beim dritten Mal 718 erlitten sie sogar eine schwere Niederlage und mussten das schon gewonnene Kleinasien wieder preisgeben. Erst über sieben Jahrhunderte später gelang ihnen die Einnahme der letzten römischen Bastion, sodass sich dort ein Christentum ganz eigener Art ruhig entwickeln konnte. Man kann es aber auch negativ sehen, denn es war lange ringsum abgeschnitten und erhielt so wenige frische Impulse. So wie sich schon früh die Reichsteile auseinander entwickelt hatten, wuchs nun die Entfremdung von West- und Ostkirche.

Diese italienische Buchmalerei aus dem 15. Jahrhundert zeigt, wie der Heilige Benedikt seine Ordensregeln verteilt.

Eine Innenansicht der Unterkirche der Abtei von Monte Cassino, die 529 von Benedikt gegründet wurde.

Westen

In der harten Wirklichkeit konnten christlicher Glaube und antike Überlieferung freilich nur dann zur Grundlage einer neuen Einheit werden, wenn eine weltliche Macht mit weltlichen Mitteln der Kirche zur Seite stand. In Ostrom leistete das der Kaiserstaat, im Westen Europas besaßen Macht nur die jungen germanischen Reiche, die das Erbe des Imperiums angetreten hatten. Die staatliche Einheit war dahin, aber im Untergrund gab es weiter eine kulturelle Verbundenheit, denn die neuen Herren hatten in geistiger Hinsicht nichts Vergleichbares zu bieten, sondern nahmen bereitwillig die römisch-lateinische Gedankenwelt auf, wie sie die Kirche bewahrt hatte. Solange der Graben zwischen alteingesessenen Katholiken und germanischen Arianern bestand, war das ein mühsamer Prozess. Erst als Gregor der Große die Langobarden für die katholische Kirche gewonnen hatte, setzte sich in Italien die Verschmelzung durch.

Schon ein Jahrhundert vorher war sie in Gallien in Gang gekommen. Dort waren germanische Völkerschaften eingedrungen, die sich vorher im Rhein-Mosel-Gebiet zum Stamm der Franken zusammengefunden hatten. Unter ihrem Heerkönig Chlodwig I. aus dem Geschlecht der Merowinger stießen sie 486 bis ins Herz der römischen

Bischof Remigius von Reims tauft Chlodwig, den König der Franken.

Provinz Gallien vor. Ein Jahrzehnt später drängte Chlodwig die Alemannen, die sich im Südwesten Galliens festgesetzt hatten, in das Gebiet der heutigen Schweiz zurück, entriss den Westgoten alles Land nördlich der Garonne und kontrollierte bald fast das ganze einst von Caesar unterworfene Land. 492 nämlich hatte er mit der Heirat der burgundischen Königstochter Chrodechilde auch Ansprüche auf Burgund erworben. Wichtiger noch wurde die Tatsache, dass es die junge Frau verstand, den großmächtigen König davon zu überzeugen, dass der Übertritt zum Katholizismus nicht nur gottgefällig, sondern auch politisch von erheblichem Nutzen sein würde. 496 ließ sich Chlodwig I. taufen.

Nun bestand bald ein breites katholisches Band von Italien bis nach Irland, denn auch dorthin und von dort nach Britannien war die Mission mittlerweile vorgedrungen und hatte im Gegenzug einen Missionsschub von Irland aufs Festland erfahren. Irische Mönche gründeten seit etwa 600 im oberen Rhein- und Donaugebiet Kirchen und Klöster, die bald zu Stätten tiefer Frömmigkeit und wissenschaftlichen Lebens wurden. Dem irischen Beispiel folgten auch angelsächsische Mönche wie Winfried (672–754), der über Friesland nach Mittel- und Süddeutschland zog und von dort weiter nach Rom. Wegen seiner großen missionarischen Erfolge erhielt er dort den Ehrennamen Bonifatius (lateinisch: »Gutredner«). Im Jahre 719 beauftragte ihn Papst Gregor II. (Pontifikat 715–731) mit der Mission in Hessen, Bayern und Thüringen, wo er neue Gemeinden gründete und die schon bestehenden festigte.

Seine Missionstätigkeit führte Bonifatius auch nach Geismar. Hier soll er 724 eine dem altgermanischen Gott Thor (Donar) geweihte Eiche, ein Sinnbild für das heidnische Germanentum, gefällt haben.

722 zum Bischof und 736 zum Erzbischof ernannt, organisierte Bonifatius die Kirche im ganzen Frankenreich, gründete die Bistümer Erfurt, Würzburg, Freising, Regensburg und Passau, und berief Reichssynoden ein, die der Vereinheitlichung der Kirchenordnungen und der Stärkung des kirchlichen Selbstbewusstseins gegenüber der königlichen Macht dienten. Damit hatte er nur ansatzweise Erfolg, denn der vom König geführte Adel verfügte über das Land, und Macht war eine Frage des Grundbesitzes. Zwar konnte auch die Kirche durch Erbe und fromme Spenden wachsenden Besitz erwerben, doch noch dominierte das Prinzip der Eigenkirchen: Adlige stifteten Gottesdienststellen und

beriefen ihrerseits Geistliche zur Betreuung der neuen Gemeinden, über die der Grundherr die Rechtsgewalt hatte. Bonifatius bemühte sich daher besonders um die Randgebiete des Frankenreiches, in die der königliche Arm nur beschränkt reichte: Friesland wurde ihm dann auch zum Schicksal. Hier, wo er seine Missionstätigkeit begonnen hatte, setzte er sie von seinem Amtssitz Mainz aus fort und starb den Märtyrertod. Der »Apostel der Deutschen« wurde in Fulda, einer Gründung seines Lieblingsschülers Sturmi, beigesetzt.

Papst krönt Kaiser

Pippin III., der Sohn Karl des Frankenkönigs, erhielt den Beinamen »der Kleine«, vielleicht wegen der späteren so überragenden Größe des Sohnes. Beider Bedeutung beruht nicht zuletzt auf ihrer Kirchenpolitik. Pippin, ursprünglich nur mächtigster Minister (»Hausmeier«) des letzten Merowinger-Königs Childerich III., hatte sich 751 selbst zum König aufgeschwungen. Das ihm fehlende königliche Geblüt hatte er durch kirchliche Salbung wettgemacht und damit das folgenreiche Bündnis von Thron und Altar begründet. Die Chance dazu hatte sich daraus ergeben, dass der oströmische Kaiser in Konstantinopel in schweren Abwehrkämpfen gegen Slawen und Araber stand, sodass er der kirchlichen Entwicklung nicht mehr die nötige Aufmerksamkeit schenken konnte. Für den Papst fiel er damit als Schutz weitgehend aus, und Rom orientierte sich daher nach Norden, wo sich als einzige Ordnungsmacht das Frankenreich anbot.

Pippin ließ sich nun vom Papst selbst nochmals salben und garantierte als Dank dafür den großen Landbesitz der Kirche in Mittelitalien, das Patrimonium Petri, das so zu einem Staat aufgewertet wurde. Diese »Pippinsche Schenkung« muss weiteren päpstlichen Appetit auf rechtliche Absicherung der kirchlichen Macht geweckt haben, denn aus der gleichen Zeit stammt die schon erwähnte Fälschung der »Konstantinischen Schenkung«. Der große Römerkaiser hatte darin angeblich versichert, »dass mehr als Unsere Kaisergewalt und Unser irdischer Thron der hochheilige Stuhl Petri glorreich verherrlicht werde und dass wir sowohl unseren Palast als auch die zur Stadt Rom und alle zu Italien oder dem Abendland gehörigen Provinzen, Orte und Städte dem hochseligen Oberpriester, Unserem Vater Silvester, dem Universalpapst, übertragen und seiner oder seiner Nachfolger im Papsttum Gewalt und Botmäßigkeit

überlassen«. Pippin unterstrich das und löste damit Rom aus der Obergewalt des oströmischen Kaisers. Der durch päpstlichen Segen gestärkte König einte das durch Erbteilung zersplitterte Frankenreich unter seiner Führung und zeigte durch die Unterstützung Papst Stephans III. gegen die Langobarden in Italien, dass seine Ambitionen über das einstige Gallien weit hinausreichten.

Sohn Karl sollte zum Vollender dieser überfränkischen Reichsidee werden. Erster Schritt nach dem Machtantritt im Jahr 768 war die Unterwerfung der Langobarden und die Annahme ihrer Königswürde. Damit war auch territorial die Verbindung zwischen Italien, dem Kernland des römischen Imperiums, und der neuen abendländischen Vormacht hergestellt. Die Päpste fungierten bei dieser Machtverschiebung sozusagen als Treuhänder des untergegangen Römerreiches, und Karl nutzte die kirchliche Unterstützung in der Folgezeit zur Ausdehnung seines Reiches nach Norden (Sachsen), Südosten (Bayern, Awaren) und Südwesten (Basken). All seine Feldzüge stellte er in den Dienst der christlichen Mission und die Kirche dankte es ihm auf ihre Weise, indem Papst Leo III. (amtierte 795–816) Karl am Weihnachtstag des Jahres 800 in Rom zum Kaiser krönte. In den fränkischen Reichsannalen heißt es darüber:

»Als Karl an dem heiligen Tag der Geburt des Herrn zur Feier der Messe die Peterskirche betreten hatte und sich vor dem Altar vom Gebet erhob, setzte ihm Papst Leo eine Krone aufs Haupt unter dem lauten Zuruf des ganzen römischen Volkes: ‚Karl, dem Augustus, dem von Gott gekrönten großen und friedenbringenden Kaiser der Römer, Leben und Sieg!' Nach diesem Zuruf wurde ihm, wie es bei den alten Kaisern Brauch war, vom Papst gehuldigt und er fortan, mit Fortlassung des Titels Patricius, Kaiser und Augustus genannt.«

Am 25. Dezember 800 wurde Karl I. der Große in Rom von Papst Leo III. zum Kaiser gekrönt.

Im Dienst des Staates

Eine andere Stimme, nämlich die von Karls Vertrautem und Biographen Einhard (770–840), berichtet über die Reaktion des frisch Gekrönten weniger Erhabenes:

»Damals war es, dass er den Namen Augustus empfing, der ihm anfangs so zuwider war, dass er versicherte, wenn er des Papstes Absicht vorher hätte wissen können, so würde er an jenem Tag, obwohl es ein hohes Fest war, die Kirche nicht betreten haben. Den Hass der oströmischen Kaiser dagegen, die über die Annahme des Kaisertitels erzürnt waren, ertrug er mit großer Gelassenheit.«

Nicht diplomatische Verwicklungen also fürchtete Karl, sondern eher die Deutung, dass er als ein Kaiser von Gnaden des Papstes gelten könnte. Die Gefahr war bei seiner unerhörten Autorität für ihn selbst nicht gegeben. Es sollte sich jedoch zeigen, dass schwächere Nachfolger durchaus in dieses Dilemma gerieten, ja dass die damit in die Welt gekommene Rivalität zwischen geistlichem und weltlichem Oberhaupt die Entwicklung der Christenheit viele Jahrhunderte prägen sollte. Karl konnte noch unter Übergehung des Papstes seinen Auftrag als direkt von Gott gegeben darstellen und die Kirche seinerseits in Dienst nehmen bei der Verwaltung seines wachsenden Rei-

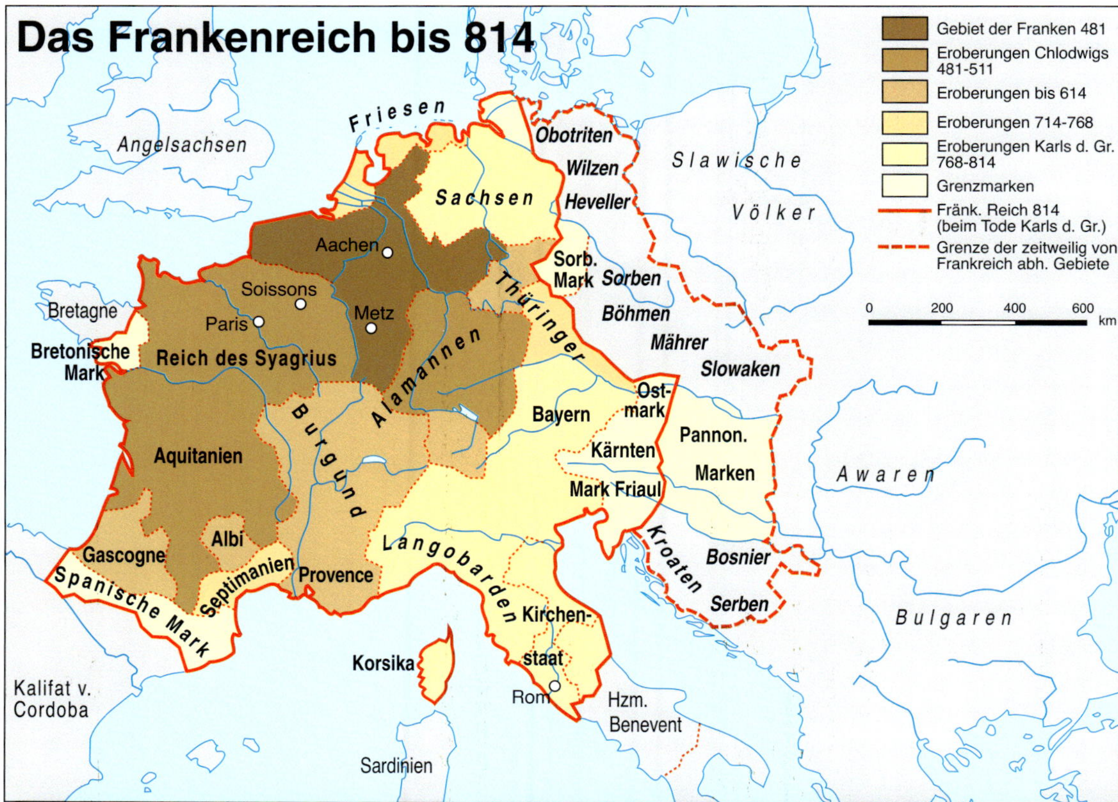

ches. Die Geistlichkeit nämlich war anders als gewöhnlich der Adel gebildet und erhielt nun vom Kaiser durch Bodenzuwendung die nötige wirtschaftliche Basis. Da die höhere Geistlichkeit überlicherweise unverheiratet war, fielen solche Güter immer wieder an die Krone und konnten zur Verpflichtung des nächsten Kirchenfürsten eingesetzt werden.

Die hohen Herrschaften ernannte der Kaiser selbst nach Eignung zur Erreichung seines Zieles einer breiteren Volksbildung. Die Bischöfe sollten daher Klöster fördern, in denen die Benediktinerregel für Fleiß und Disziplin sorgte. Diese Einrichtungen betrieben Schulen, in denen nach dem Willen Karls nicht nur die Grundsätze des Glaubens vermittelt, sondern auch Latein, Lesen und Schreiben gelehrt wurden. Aus den solcherart Ausgebildeten rekrutierte der König dann seine Beamtenschaft, die ebenfalls zu einem großen Teil aus Geistlichen bestand. Je einen weltlichen und einen kirchlichen Gesandten schickte er als Königsboten in alle Landesteile zur regelmäßigen Überwachung der Amtsführung, Rechtgläubigkeit und des sittlichen Verhaltens seiner Grafen.

Bald nach Karls Tod im Jahr 814 zerfiel das Frankenreich in mehrere Teile, von denen letztlich das Westfränkische, aus dem Frankreich wurde, und das Ostfränkische Reich, das künftige Deutschland, übrig blieben. Und wieder wahrte die Kirche die Tradition, indem sie Karls Erbe pflegte und dafür sorgte, dass ein neues Kaisertum, das deutsche, den weltlichen Schutz der Gottesdiener und ihrer Rechte übernahm. Allerdings bezog sich das nur auf die westliche Kirche mit dem Papst an der Spitze, denn Ostrom hatte zwar das fränkische Kaisertum nach einigem Zaudern anerkannt, doch seine Kirche lehnte Weisungen aus dem Westen ab und löste sich bald ganz vom Papsttum. 867 kam es sogar zum Kirchenbann über Papst Nikolaus I. durch den Patriarchen Photios, der schon die faktische Trennung vorwegnahm.

Osten

Die im Jahr 1054 endgültig vollzogene Spaltung der Großkirche in die westliche Papst- und die östliche Kaiserkirche, das so genannte morgenländische *Schisma* (griechisch: »Trennung«) hatte eher politische als religiöse Konsequenzen. Zwar entwickelten sich Gottesdienst, Bilderverehrung, Mönchtum und Klerus immer weiter auseinander, doch der theologische Kern unterscheidet sich bis heute so wenig, dass beide Kirchen gemeinsame Erklärungen zu Glaubensfragen herausgeben. Die Ostkirchen nennt man auch orthodoxe, und dass es mehrere gibt, lag an der später wachsenden politischen Zersplitterung, woran auch die Missionserfolge der ursprünglich nur griechischen Kirche ihren Anteil haben. So übernahm Großfürst Wladimir von Kiew 988 das ostkirchliche Christentum, worüber es einen interessanten Bericht gibt: Der Großfürst rief seine Bojaren und Ältesten zusammen und sprach: »Die umliegenden Länder bedrängen mich, ihre Religion anzunehmen. Was soll ich tun?« Seine Räte grübelten und sprachen dann: »Fürst, ein jeder lobt sein Gesetz. Daher sende zehn Männer aus, die sehen sollen, wer die Wahrheit spricht.« Der Fürst war es zufrieden, und die Emissäre zogen los. Nicht lange, da kehrten sie mit weisem Nicken heim und berichteten: »Wir gingen zu den Bulgaren und fanden sie ohne Gürtel in ihrem Gotteshaus, düster dreinschauend. Es ist keine Freude bei ihnen, sondern Missmut und übler Geruch.« Als Nächstes seien sie bei den »Deutschen« gewesen, hätten jedoch »keine Schönheit« gefunden. »Bei den Griechen aber«, fuhren sie fort, »wussten wir nicht, ob wir im Himmel waren oder auf der Erde. Diese Schönheit können wir nie mehr vergessen, denn jeder Mensch, der das Süße verkostet, nimmt nachher nichts Bitteres mehr.« Darauf erhob sich der Großfürst und sprach: »Wir wollen gehen und die Taufe empfangen.«

Wladimir von Kiew, von dem erzählt wird, dass er 800 Konkubinen gehabt haben soll, sich nach seinem Übertritt zum Christentum aber zu einem Vorbild an Tugend wandelte, bei der Gründung der Kirche »Unsere Frau« in Kiew. Buchmalerei aus der »Radziwill Chronik«, 15. Jahrhundert.

Konstantinopel

Die Kirche mit dem Mittelpunkt Konstantinopel betrachtete sich, wie schon der Name sagt, als die eigentliche Erbin der von Konstantin dem Großen ins Leben gerufenen Reichskirche. Daher die griechische Eigenbezeichnung »orthodox«, was zu deutsch »rechtgläubig« heißt, und »ökumenisch«, übersetzt »allumfassend«. Der eben erwähnte aus Konstantinopel Richtung Rom geschleuderte Bannstrahl ließ die Rivalität zwischen beiden Kirchenhauptstädten schlaglichtartig deutlich werden. Hintergrund war Roms Bemühen, die

Gemeinden auf dem Gebiet des heutigen Bulgariens zu vereinnahmen, auf die auch der byzantinische Patriarch Anspruch erhob. Nach außen beschwor man hingegen unüberbrückbare liturgische (gottesdienstliche) und dogmatische (die Lehre betreffende) Unterschiede. Die Ostkirche lehnte beispielsweise das Fasten am Sonnabend vor dem Tag des Herrn ab, sah keinen Grund, ihren Priestern Ehelosigkeit zu verordnen und praktizierte Taufe und Firmung anders als die Katholiken als eine Einheit.

In der Ostkirche gelten heute zudem nur die Beschlüsse der ersten sieben ökumenischen Konzile (Bischofsversammlungen), Rom hält alle inzwischen einundzwanzig Konzile für verbindlich. Alle Abänderungen des Nicänischen Glaubensbekenntnisses seit dem 381 in Konstantinopel abgehaltenen Konzil (daher auch *Symbolum Nicaeno-Constantinopolitanum*) hat die Ostkirche nicht übernommen. Für sie ist außer der Heiligen Schrift nur die Tradition, wie sie in der Liturgie und den Werken der Kirchenväter überliefert ist, wegweisend. Für orthodoxe Christen ist die Kirche weniger Lehrautorität als vielmehr Vermittlerin der göttlichen Gnade und Liebe. Obwohl die Verehrung der Gottesmutter eine große Rolle spielt, hat die orthodoxe Kirche kein Marien-Dogma entwickelt. Wichtig vor allem ist die Praxis wie zum Beispiel der hohe Stellenwert der Verehrung heiliger Bilder (Ikonen).

Im Verlauf der Jahrhunderte bildeten sich viele selbstständige (*autokephale*, griechisch: »mit eigenem Oberhaupt«) ortho-

Ikonen zeigen Darstellungen Christi, Mariä, Heiliger oder heilige Ereignisse. Besonders im Russland des 14. und 15. Jahrhunderts, aus dem auch die abgebildete Ikone stammt, entfaltete sich die Ikonenmalerei.

doxe Nationalkirchen, die aber eine einheitliche Lehre, gemeinsame Gottesdienstordnungen und für alle verbindliches Kirchenrecht zusammenhalten. Allerdings werden die Gottesdienste der Nationalkirchen in der jeweiligen Landessprache abgehalten, manchmal in altertümlichen Formulierungen auf Altgriechisch, Georgisch oder Kirchenslawisch, anderswo in der modernen Form auf Albanisch, Rumänisch oder Chinesisch. Jede der autokephalen Kirchen hat, wie der Begriff sagt, ein eigenes Oberhaupt in Gestalt eines Patriarchen (wörtlich: »väterlicher Herrscher«), der keinem Oberpatriarchen, sondern Christus allein verantwortlich ist. Allerdings hatten in fast allen orthodoxen Gemeinden jahrhundertelang die weltlichen Herrscher ein gewichtiges Wort mitzureden, sodass man von Staatskirchen sprechen konnte. So unterstand etwa die russisch-orthodoxe Kirche seit dem 17. Jahrhundert bis zur Revolution von 1917 einem staatlichen Gremium, dem Heiligen Synod.

Partner oder Gegner?

Zurück zur Entwicklung im Westen: Wie seine Anordnungen im Osten keine Geltung hatten, so kümmerte Nikolaus (Papst 858–867) der östliche Bann natürlich auch nicht. Ihm ging es um Stärkung des Papsttums gegenüber der weltlichen Herrschaft und er betonte bereits, dass die Führung der Seelen höher stehe als alle Macht der Schwerter. Ein Kompetenzstreit, der die nächsten Jahrhunderte belasten sollte, zeichnete sich ab. Da die Königsmacht nach Karl durch Zersplitterung schwächelte, pochte die Kirche auf ihr alleiniges Recht, Bischöfe zu ernennen und einzusetzen. Das waren aber erst Vorboten des kommenden Konflikts, denn nach Nikolaus verfiel auch die Papstmacht, eben weil sie sich auf Dauer ohne das weltliche Schwert nicht wirkungsvoll gegen den römischen Adel behaupten konnte. Zwar breitete sich das katholische Christentum weiter nach Skandinavien und in die slawischen Länder aus, doch war das eher der Energie regionaler Bischöfe wie Ansgar von Bremen-Hamburg (801–865) zu danken, der als Heiliger und »Apostel des Nordens« verehrt wird.

Es nahm daher nicht Wunder, dass mit dem Wiedererstarken wenigstens des ostfränkischen Königtums im 10. Jahrhundert unter den Sachsenherrschern auch das Papsttum neue Festigkeit gewann. Vor allem Otto I. der Große (König 936–973) nahm sich der Kirche an, keineswegs aus uneigennützigen Gründen: Weniger durch Familienrücksichten gebunden, erwiesen sich die Geistlichen als ideale Königsdiener. Äbte und Bischöfe erhielten erweiterte weltliche Rechte und gewannen auch territorial an Macht. Die gedeihliche Zusammenarbeit bewog Otto, auch in Italien nach dem Rechten zu sehen, denn eine intakte Kirchenspitze war Garant für politische Stabilität, und um die stand es südlich der Alpen schlechter als schlecht. Gern folgte Otto daher 961 dem Ruf des Papstes um Hilfe und zog mit einem Heer nach Rom, das die Ordnung rasch wiederherstellte. Die Kaiserkrönung im Jahr darauf war die Anerkennung dafür, dass nun das ostfränkische, das deutsche Reich die Nachfolge Karls und das Erbe des Römerreichs angetreten

Das »Heilige Römische Reich Deutscher Nation« nahm mit der Kaiserkrönung Otto I. durch Papst Johannes XII. am 2. Februar 962 in Rom seinen Anfang.

Diese Buchmalerei (um 1050) stellt die Szene dar, in der Heinrich III. der thronenden Maria das goldene Evangelienbuch überreicht.

hatte. Die Kirche hatte einen neuen Schutzherren, das »Heilige Römische Reich deutscher Nation«.

Deutschland und Italien bildeten also eine Einheit, verbunden durch das geistliche Band der Kirche. Das bedeutete auch geistliche Verantwortung für den weltlichen Herrscher – und umgekehrt, jedenfalls sahen das die Päpste bald so. Zunächst aber die kaiserliche Seite: Nach den Sachsenkaisern waren Herrscher aus dem Geschlecht der Salier auf den deutschen und damit römischen Thron gekommen; eine Zentralgestalt wurde Heinrich III., der 1039 als 22-Jähriger zur Regierung kam und durch seine Erziehung von Reformideen geprägt war, nach denen sich die Kirche auf ihre spirituellen Wurzeln besinnen müsse. Energisch beendete Heinrich daher den Kampf dreier Kirchenfürsten, die alle Anspruch auf den Papstthron erhoben, und setzte kurzerhand selbst einen Papst und später noch weitere ein. Fast wie sein oströmischer Kollege unterstellte er die Kirche seinem persönlichen Regiment, weil er sich dazu von Gott berufen fühlte:

Er hatte erlebt, wie aus purem Eigennutz die Hemmschwelle bei der Besetzung von kirchlichen Ämtern mit unwürdigen Personen gesunken war. Deshalb ließ er sich von der Reformbewegung inspirieren, die im

Kloster Cluny (Südwestfrankreich) ihren Ausgang genommen hatte und mit diesem Missbrauch aufräumen wollte. Er machte sich zum weltlichen Arm der Bewegung und achtete auf strikte Einhaltung der Regeln in den Klöstern, wie sie der heilige Benedikt erlassen hatte. Er löste damit eine Welle der Frömmigkeit aus, die allein in Deutschland während des 11. Jahrhunderts zur Gründung von über 600 neuen Klöstern führte. Die Rückbesinnung führte aber auch zur Überlegung, dass als höchstes Gut die Hingabe an Gott gefordert sei, der Gehorsam Menschen gegenüber müsse dahinter zurückstehen. Und da die Geistlichen als Geweihte Gottes galten, beanspruchten sie einen höheren Rang als die weltlichen Herrscher.

So lange Heinrich III. das Zepter führte (bis 1056) rüttelte niemand an seiner Oberherrschaft über Kirche und Staat. Doch nach ihm kam sein unmündiger Sohn Heinrich IV. auf den Thron, und das bedeutete schon an sich eine Schwächung des Königtums. Kirchliche Amtsträger innerhalb Deutschlands nutzten das ebenso aus wie das Papsttum, das sich daran machte, den Einfluss der weltlichen Macht auf die Besetzung der höchsten Kirchenämter zu verringern und womöglich ganz auszuschalten. Heinrich IV. bekam es in dieser Frage mit einem Papst zu tun, der durchdrungen war von seiner göttlichen Sendung und notfalls mit Waffengewalt das Reich Christi auf Erden verwirklichen wollte: Gregor VII. (Papst 1073–1085). Er sprach ein Verbot der Einsetzung (Investitur) von Bischöfen durch Laien, also auch durch Könige aus. Als Heinrich dem nicht folgte, verhängte er 1076 den Kirchenbann über den König, der seinerseits den Papst für abgesetzt erklärte. Die Zeiten aber hatten sich gründlich gewandelt: Mit dem Papstfluch im Bündnis versuchten deutsche Fürsten gegen den König vorzugehen, sodass dessen Herrschaft in akute Gefahr geriet. Ihm blieb nur der kniefällige Bittgang zum Papst, der in Canossa weilte.

Heinrich IV. als Gast der Markgräfin Mathilde von Tuszien erwirkt in Canossa von Papst Gregor VII. die Aufhebung des Kirchenbanns.

VI Papsttum

Demütigender als durch diesen sprichwörtlich gewordenen Gang nach Canossa konnte die Unterwerfung nicht ausfallen, und es änderte dann auch nichts mehr, dass der Kaiser den Papst später verjagte. Fortan war mit der Kirche zu rechnen, und nur die mächtigsten Könige und Kaiser wie Friedrich Barbarossa (Regierungszeit 1152–1190) oder sein Enkel Friedrich II. (1220–1250) konnten den Konflikt mit dem Papsttum wagen. Die anderen mussten sich mit dem Kompromiss begnügen, den Heinrichs Sohn und Nachfolger Heinrich V. 1122 im Wormser Konkordat mit dem Papst gefunden hatte: Zwar verzichtete der Papst auf die auch politische Oberhoheit, doch bestand er darauf, dass ihm, also der Kirche allein, die Einsetzung von Bischöfen nach entsprechenden geistlichen Wahlen zustand. Als eine Macht ohne Staatsgrenzen hatte sich das Papsttum ein Übergewicht erkämpft, das nur auf lange Sicht nicht in Frage gestellt wurde.

Höhepunkt und Verfall päpstlicher Macht

Nichts machte diese Überlegenheit deutlicher als die Bewegung der Kreuzzüge: Die schon erwähnte neue Frömmigkeit äußerte sich auch in einem wachsenden christlichen Fanatismus den »Heiden«, insbesondere den Muslimen gegenüber. In Spanien, das seit Jahrhunderten in islamischer Hand

Der letzte Kaiser aus dem Geschlecht der Salier, Heinrich V., nahm 1111 Papst Paschalis II. gefangen und erzwang so die Kaiserkrönung.

war, begann eine Rückeroberung, die so genannte Reconquista, die den Islam unaufhaltsam zurückdrängte und bis 1492 ganz von der Iberischen Halbinsel vertrieb. Weniger Erfolg hatten – aber um so mehr Opfer forderten – die eigentlichen Kreuzzüge zur Befreiung der Heiligen Stätten der Christenheit in Palästina, das schon seit Mohammeds Zeiten vom Islam kontrolliert wurde. 1095 flammte der erste Aufruf im Abendland auf zum Zug nach Jerusalem, und Zigtausende folgten dem päpstlichen Appell.

Der 1099 mit der blutigen Eroberung Jerusalems erfolgreich abgeschlossene erste Kreuzzug sollte aber bis auf Episoden der einzige wirkliche Sieg der Christenheit im Nahen Osten sein, denn der zweite Kreuzzug 1147 scheiterte schon bei Konstantinopel, der dritte endete mit dem Tod Kaiser Friedrichs I. Barbarossa 1190 vorzeitig, und weitere Versuche erzielten lediglich Teilerfolge, von Friedrich II. abgesehen, der 1229 die Krone des Königreichs Jerusalem ohne Gewaltanwendung gewinnen konnte. Doch selbst dieser schier allmächtige Kaiser geriet immer wieder unter Druck durch den Kirchenbann, mit dem ihn die Päpste zum Kreuzzug zwingen wollten. Das Ende seiner Regierungszeit war denn auch überschattet vom Ringen mit dem Papst, der Friedrich selbst zwar wenig anzuhaben vermochte, nach dessen Ende (1250) aber dafür sorgte, dass die Nachfolger aus der Dynastie der Staufer um ihr Erbe gebracht wurden. In der nachfolgenden Zeit der Wirren waren die Päpste unbestritten die Sieger, ehe auch sie in den selbst verursachten Strudel und schließlich in Gefangenschaft gerieten.

Sie hatten das Abendland durch den Kampf gegen die Kaiser planmäßig um die Machtmitte und sich selbst so um den politischen Schutz gebracht. Jetzt erhob der stadtrömische Adel wieder sein Haupt und machte den Päpsten in der Ewigen Stadt das Leben schwer. Insofern fehlte ihnen der Rückhalt, als es um die Wende zum 14. Jahrhundert zum Konflikt mit dem aufstrebenden Frankreich König Philipps IV. des Schönen (Regierungszeit 1285–1314) kam. Der verlangte von der Geistlichkeit Steuern und stieß daher mit dem machtbewussten Papst Bonifatius VIII. (Papst von 1294–1303) zusammen. Schon wollte der französische König ihn nach Frankreich verschleppen lassen, doch starb der Papst vorzeitig, und auch der Nachfolger, der aus Rom fliehen musste, amtierte nur ein Jahr, sodass Philipp nun dafür sorgte, dass gleich ein Franzose auf den Stuhl Petri kam und seinen Sitz nach Avignon verlegte. Dort blieben die Heiligen Väter fast sieben Jahr-

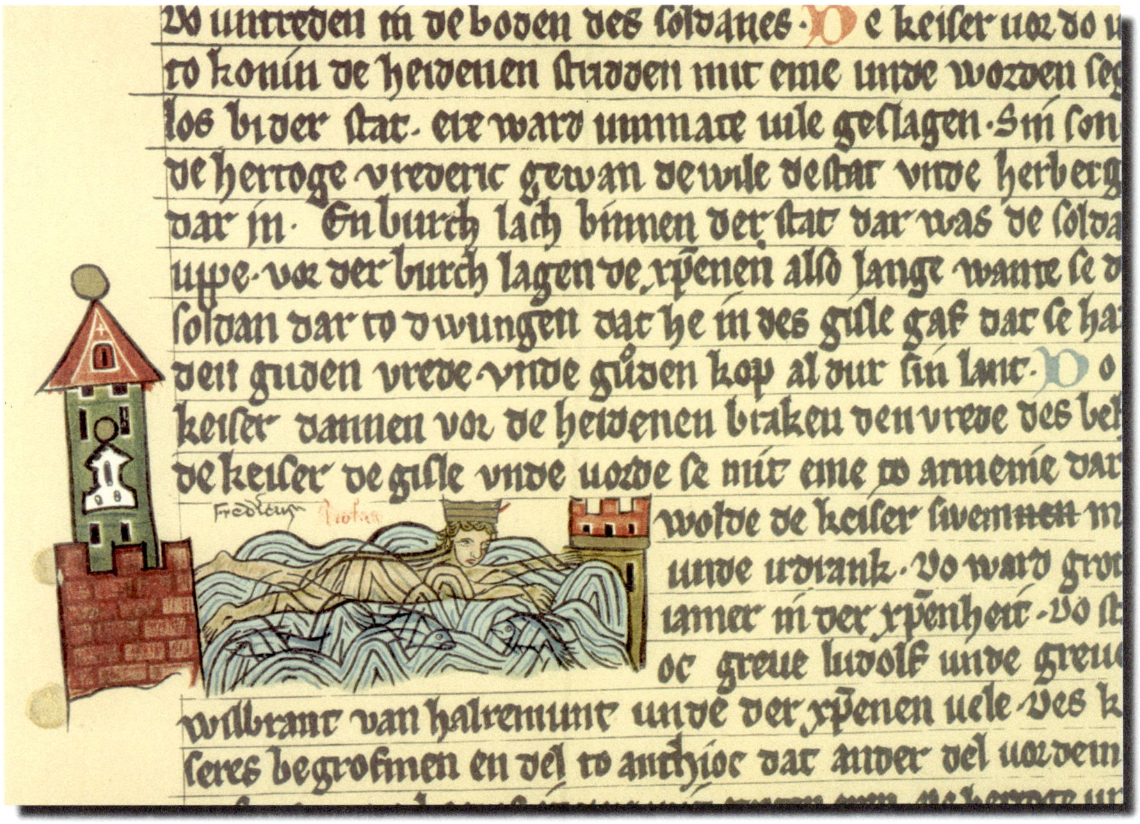

Buchmalerei aus dem 13. Jahrhundert, die die Szene zeigt, wie Friedrich Barbarossa im Saleph ertrinkt.

VI Papsttum

Das 12. und 13. Jahrhundert war auch das Zeitalter der mächtigen Sakralbauten. Während die Fertigstellung des Kölner Doms (links) von 1248–1880 dauerte (und im Grunde bis heute noch nicht abgeschlossen ist), dauerte der Bau der Kathedrale Notre Dame in Paris mit Ausnahme des Turms nur von 1160–1225 (oben das Rosettenfenster). Als Meisterwerke der Gotik gelten beide Bauwerke. Neben der architektonischen Eleganz sind aber ebenso die Innenräume und Ausstattungsgegenstände weltberühmt.

Jan Hus, der am 6. Juli 1415 in Konstanz als Ketzer auf dem Scheiterhaufen verbrannt wurde.

zehnte lang unter Aufsicht der französischen Könige, eine Zeit, die als Babylonische Gefangenschaft der Päpste bezeichnet wird.

Als sie danach (1376) wieder in Rom residierten, war es mit ihrer Macht nicht mehr weit her. Es kam zur Wahl von Gegenpäpsten und nicht enden wollenden Querelen, die wieder nur durch das Einschreiten der weltlichen Macht in Gestalt des deutschen Herrschers Sigismund (Regierungszeit 1410–1437) beendet werden konnten. Auf dem Konstanzer Konzil 1414–1418 gelang das aber nur noch durch einen bezeichnenden Wortbruch: In Böhmen war mit Jan Hus ein Kirchenreformer aufgetreten, der von der Papstkirche zum Ketzer gestempelt wurde. In Konstanz sollte ihm der Prozess gemacht werden, wofür ihm freies Geleit zugesichert wurde. Als er dann tatsächlich verurteilt worden war, meinte Sigismund, einem Ketzer gegenüber müsse man nicht Wort halten und genehmigte die Hinrichtung von Hus auf dem Scheiterhaufen. Nur ein gutes Jahrhundert später trat erneut ein Reformer auf, gegen den dann aber weder päpstliche noch kaiserliche Macht etwas ausrichtete: Martin Luther leitete mit der Reformation (siehe Kapitel VIII) eine neue Epoche der Kirchengeschichte ein.

VII Mönche, Theologen

Das Mittelalter wird gern als »finster« verächtlich gemacht, weil aufgeklärte moderne Menschen oft allen Glauben für Aberglauben halten. Wirklich aufgeklärte wissen allerdings nur zu genau, dass es mit unserer Schulweisheit nicht so weit her ist, ja dass jede gelöste Frage uns vor ein Vielfaches von neuen Problemen stellt. Und auch das Gottesproblem ist nicht so einfach von der Hand zu weisen, weil ohne überirdische Heimat auch irdische nur in Maßen zu haben ist. Was Menschen anrichten, erleben wir täglich und das »triumphale Unheil«, in das uns nach den beiden renom-

Die Zisterzienserabtei in Maulbronn gehört zu den besterhaltenen mittelalterlichen Klosteranlagen in Deutschland. Auf der Abbildung ist der Kreuzgang zu sehen.

Klosterschulen wie die des Schulmeisters von Esslingen dienten nicht nur dem Wissenerwerb auf den Gebieten der Theologie. Auch Latein, Philosophie, Medizin und andere Naturwissenschaften standen auf dem Lehrplan.

mierten modernen Philosophen Adorno und Horkheimer der Machbarkeitswahn gestürzt hat, wird mit menschlichen Mitteln kaum noch zu bewältigen sein. Es ist daher sinnvoll, an die Bescheidenheit der Denker aus einer Zeit, in der Denken und Glauben keine Gegensätze waren, zu erinnern.

Scholastik

Karl der Große hatte mit seinem Programm zur Hebung des allgemeinen Bildungsniveaus den entscheidenden Impuls gesetzt. Neben die Kirche trat nun die Klosterschule (lateinisch: *schola*), in der allerdings nicht nur geschult, sondern auch geforscht wurde. Der Ort dieses Forschens gab die Thematiken sozusagen automatisch vor: Es ging vor allem um Theologie, also Gottes- und Glaubenswissenschaft, und deswegen auch um Philosophie, seinerzeit eigentlich noch eine gemeinsame Disziplin. Kirchenrecht war ein weiteres Arbeitsgebiet der gelehrten Mönche, ein wenig Medizin und Naturkunde kamen als Nebenfächer hinzu. Das – modern gesagt – Kerngeschäft jedoch blieb die Reflektion der Glaubensinhalte. Und da dies in Schulen stattfand, nennen wir noch heute den mittelalterlichen Wissenschaftsbetrieb und die durch ihn hervorgebrachte Gelehrsamkeit Scholastik. Sie war gekennzeichnet durch Internationalität aufgrund der gemeinsamen Wissenschaftssprache Latein und durch den Sachverhalt, ihre Ergebnisse vornehmlich theoretisch zu gewinnen.

Es ging den Denkern um eine möglichst breite Erschließung der christlichen Lehre und ihre Vermittlung an die Gemeinde. Dazu musste diese so weit durchdacht werden, dass sie für die Fragen der Gläubigen handhabbare Antworten bereit hatte. Lateinisch blieb der Prozess, solange er sich im wissenschaftlichen Disput abspielte, für das Volk mussten die Ergebnisse in dessen Sprache übersetzt und schlüssig begründbar sein. Einer der ersten, die sich darum bemühten, war Johannes Eriugena, der im 9. Jahrhundert die Pariser Hofschule leitete. Er arbeitete daran, die christliche Lehre so weit wie möglich logisch zu fassen und mit ihr die Welt zu erklären. Er lehrte, dass die Schöpfung als Gottes Werk alles über Gott sage, der in allem wirke, ja anwesend sei. Diese buchstäbliche Verweltlichung des Glaubens führte später zur Verurteilung des Denkers als Ketzer. Doch blieb er als Ideengeber für spätere Scholastiker von Bedeutung.

Sie traten erst auf, als die politisch unruhigen Zeiten nach dem Zerfall des Frankenreiches vorüber waren und sich die wirtschaftlichen Verhältnisse gebessert hatten. Vor allem im 12./13. Jahrhundert erblühten die von Karl dem Großen geforderten Schulen neu, nun aber nicht mehr bloß bei den Klöstern angesiedelt, sondern als Kathedralschulen, also als Ableger und Zierde von Bischofskirchen. Berühmt wurden die Schulen von Chartres, Paris, Bologna (bekannt vor allem für die Weiterentwicklung des Kirchenrechts), Salerno (Schwerpunkt Medizin) und manche andere. Und berühmt wurde viele Lehrer, die an Schulen wie diesen ganze Generationen von Theologen ausbildeten. Einer der ersten war Peter Abaelard (1079–1142), der allerdings wegen seiner in einem fingierten Briefwechsel dargestellten Liebe zu seiner Schülerin Héloise noch berühmter wurde als durch seine Lehre, so wegweisend sie war.

Nach Abaelard bedeutet Wissen keine Abwendung vom Glauben, sondern die schrittweise Annäherung an Gott, der allwissend sei. Er kenne natürlich auch die Gedanken der Menschen und wisse damit, ob sie Böses oder Gutes im Schilde führen. Was gut oder böse sei, entscheide sich daher schon vor der guten oder bösen Tat, die an sich wertfrei sei; ausschlaggebend sei die Gesinnung. Die Kirche tat sich schwer mit solchen verstandesmäßigen

Zusammen mit den Domschulen waren die Klosterschulen die Hauptträger des frühmittelalterlichen Schulwesens. Diese Buchmalerei, die um 1300 entstand, zeigt, wie ein Vormund seinen Schützling den Mönchen eines Klosters überantwortet, die dafür eine Bezahlung erhalten.

Annäherungen an den Glauben und verurteilte auch die Lehren Abaelards. Das Denken aber konnte selbst sie nicht verbieten, und so meldeten sich immer wieder Denker zu Wort, die der christlichen Botschaft auf den Grund zu gehen bemüht waren.

Das Grabmal von Héloise und Abaelard auf dem Friedhof Père-Lachaise in Paris.

Die Konflikte mit der Amtskirche führten dazu, dass viele der besten Köpfe darauf sannen, wie sich die Schulen von der bischöflichen Aufsicht emanzipieren könnten. Durch Erweiterung der Arbeitsgebiete und Vergrößerung von Lehrer- und Schülerzahlen bildete sich die Universität, an der nicht nur die Kirche, sondern auch Staat Interesse hatte, sodass für mehr Selbstständigkeit gesorgt war. Diese Hochschulen sollten ja auch den Juristen- und Medizinernachwuchs für die Behörden ausbilden. Das änderte aber wenig an der Zentralstellung der Theologie im Unterrichts- und Forschungskatalog. Erste und bedeutendste Universität wurde die von Paris, der bald Bologna und Oxford folgten. Obwohl meist geistlich ausgebildet, gewannen die Professoren derartige Autorität, dass sie ohne kirchlichen Segen ihre Gutachten selbst in Glaubensfragen abgeben konnten. Drei der bedeutendsten Hochschullehrer dieser Hochzeit mittelalterlichen Denkens seien im Folgenden beispielhaft vorgestellt.

Albertus, Thomas, Duns Scotus

Er erschloss der Scholastik die Gedankenwelt des griechischen Philosophen Aristoteles: Albertus Magnus (der Große). Er kam um 1200 in Lauingen zur Welt, studierte in Padua und trat dort in den Dominikanerorden ein. Nach einigen Posten als Lehrer wurde er Dozent und 1247 »Lehrer der Glaubenslehre« an der Pariser Universität. Nach drei Jahren wechselte er nach Köln, das bis zu seinem Ende 1280 seine Hauptwirkungsstätte blieb (die dortige Universität heißt heute nach ihm). Sein berühmtester Schüler war Thomas von Aquin. Albertus Magnus fand anders als die bisher Genannten Anerkennung in der Kirche. Dies gelang ihm mit seinen Kommentaren zum Werk des großen Griechen und seinen Darstellungen der arabisch-jüdischen Gedankenwelt in Spanien und Nordafrika. Als Naturforscher machte er sich einen Namen durch die Einführung des planmäßigen Experiments. 1622 wurde er selig- und 1931 heiliggesprochen. Sein Fest wird am 15. November, seinem Todestag begangen.

Ein Schüler überragte bald den Lehrer, obwohl ihm nur eine viel kürzere Lebensspanne vergönnt war: Thomas von Aquin wurde um 1225 auf Schloss Roccasecca bei Aquino (Neapel) geboren, wurde von Benediktinern im Mutterkloster Monte Cassino erzogen, trat als 20-Jähriger dem Dominikanerorden bei und ging 1248 für vier Jahre nach Köln, wo er bei Albertus Magnus studierte. Danach lehrte er bis 1259 in Paris, seit 1257 als Professor, und das mit solchem Erfolg, dass er später die Ehrentitel »doctor communis« (unser aller Lehrer) und »doctor angelicus« (engelgleicher Lehrer) erhielt. Er wechselte an den päpstlichen Hof, wo er seine Hauptwerke »Gegen die Heiden« und »Summe der Theologie« verfasste sowie Kommentare zum Werk des Aristoteles schrieb. Nach nochmaliger Tätigkeit in Paris starb Thomas 1274 in Fossanova auf der Reise zum Konzil von Lyon. Schon 1323 wurde er heiliggesprochen (Tag 28. Januar) und 1567 in den Rang eines Kirchenlehrers erhoben.

Folgenreich wurde seine Lehre vom Sein, das unabhängig vom Seienden existiere – zu deutsch: Alles, was wirklich ist, kommt nach dem Prinzip des Seins, ob es sich um geschaffene Dinge oder um das ungeschaffene, ursprungslose Existieren Gottes handelt. Dieses Prinzip hat also Anteil am ewigen Sein des Höchsten wie am irdischen Dasein der Dinge und Wesen. Sie nehmen ja alle in unterschiedlicher Weise und in unterschiedlichem Grad teil am Sein, das sich in der konkreten und vergänglichen Wirklichkeit reich entfaltet. Also muss dieses Sein den wirklichen Dingen, Menschen und Gegebenheiten verliehen worden sein, muss eine nicht vergängliche Ursache haben. Alles irdische Sein ist gerichtet auf das ewige Sein. Das Prinzip stellt mithin die Brücke zwischen geschaffener Welt und schaffendem oder schöpfendem ewigen Sein dar. Christus kann in diesem System als die Selbstäußerung des Ewigen gelten, der sich den Geschöpfen und in besonderer Weise dem aus Leib und

Der Dominikaner Albertus Magnus wirkte unter anderem in Padua, Paris und Köln. Durch seine Werke erschloss er die Gedankenwelt des Aristoteles für das Abendland.

Seele bestehenden Menschen mitteilt und ihm die Botschaft gewährt vom Aufgehobensein des Glaubenden, das heißt Vertrauenden in Gott. Diesen Glauben gewinnt der Mensch durch die Offenbarung in Christus, der das *Lumen supranaturale* (»übernatürliche Licht«) gebracht hat.

Jüngster des scholastischen Dreigestirns war der schottische Theologe und Philosoph Johannes Duns Scotus, benannt nach dem Dorf Duns (Berwirckshire), in dem er um 1266 das Licht der spätmittelalterlichen Welt erblickte. 1280 wurde er Franziskaner und studierte in Paris und Oxford. 1291 empfing er die Priesterweihe. Er war danach Dozent in Cambridge, Oxford und Paris, ehe er ein Jahr vor seinem Tod (1308) Professor in Köln wurde. In seinen Werken beschäftigt sich der *doctor subtilis* (»feinsinniger Lehrer«), wie ein Ehrentitel hieß, mit metaphysisch-religiösen Fragen, darunter

So wie hier in Senanque in Frankreich entstanden im frühen Mittelalter zahlreiche Abteien der unterschiedlichsten Orden. Die Zisterzienser, die sich in der Nachfolge der Benediktiner sahen, legten besonderen Wert auf Schlichtheit und die Vermeidung jeglichen Luxus und Schmucks.

der nach der Entstehung des Individuellen (Einzelwesenhaften, wörtlich: Unteilbaren). Auch ihm ging es um das Sein an sich, das bereits alle möglichen wirklichen Ausformungen als Potenz enthalte und durch den göttlichen Willen zur Realität werde. Ebenso sind alle sittlichen Werte von Gott gesetzt und von Christus liebend vorgelebt worden, denn, so der Kernsatz des Gelehrten, *Deus est caritas* (»Gott ist Liebe [zum Menschen]«), die sich im Tod Christi offenbart, dem »größten Werk Gottes« und zugleich seine vollkommenste Verherrlichung.

Wir haben bereits im Vorfeld der Kreuzzugsbewegung gesehen, dass im Mittelalter eine Fülle von neuen Klöstern gegründet wurde. Zunächst handelte es sich dabei um Einrichtungen der Benediktiner oder um neue Orden, die sich um eine Reform der Benediktinerregel bemühten. Dazu gehörten die Kartäuser und ihr 1084 ins Leben gerufener besonders strenger Orden mit Einzelzellen (Kartause) und weitgehendem Schweigegebot. Auch die Zisterzienser, ein 1098 von Robert von Molesme in Citeaux (daher der Name) gegründeter Orden stand in der Nachfolge der Benediktiner, legte besonderen Wert auf praktische Tüchtigkeit und spielte daher bei der Erschließung neuer Gebiete eine bedeutende Rolle. Die Prämonstratenser hingegen, ein seit 1120 von Norbert von Xanten in Prémontré bei Laon aufgebauter Orden, stellt mit seinem Armutsgebot schon eine Brücke zu jenen beiden wichtigsten Kongregationen (Klosterverbänden) dar, die ein Jahrhundert später entstanden und um die es im Folgenden gehen soll.

Die Bestätigung der Ordensregeln der Dominikaner erfolgte 1216 durch Papst Honorius III.

Dominikaner

Ihre Eigenbezeichnung lautet *Ordo Fratrum Praedicatorum* (»Predigerorden«) und beschreibt bereits den Kern dessen, worum es dem Gründer Dominikus ging. Er kam um 1170 in Caleruega (Altkastilien) bei Burgos zur Welt und machte sich nach der Priesterweihe als temperamentvoller Wanderprediger und als »Apostel des armen Christus« in Südfrankreich einen Namen. Man bewunderte an ihm seine persönliche Bedürfnislosigkeit, sein großes Einfühlungsvermögen für Notleidende und sein ausgeprägtes Organisationstalent. Kein Wunder, dass er zahlreiche Anhänger um sich scharte und 1216 die päpstliche Anerkennung seiner Gruppe als Ordensgemeinschaft fand. Das erste Generalkapitel, Versammlung der Ordensoberen, tagte 1220 in Bologna, wo Dominikus im Jahr darauf starb; er wurde schon 1234 heiliggesprochen. Bei seinem Tod hatte der nach ihm fortan so benannte Orden der Dominikaner acht Provinzen und sechzig Klöster, 1303 waren es bereits 557 Konvente in 18 Provinzen mit 15 000 Mitgliedern.

VII Mönche, Theologen

Nach den Franziskanern, die im Anschluss vorgestellt werden, waren die Dominikaner der größte Bettelorden, der sich von der an ein Kloster gebundenen Form der alten Orden absetzte, damit er flexibler auf die Nöte und Wandlungen der Zeit reagieren konnte: Das Aufblühen der Städte und der Niedergang der überwiegend ländlichen Kultur hatte während des 12. und 13. Jahrhunderts besonders in Italien und Frankreich zu sozialer Unsicherheit und zur Entstehung einer mittellosen Unterschicht geführt. Den wirtschaftlichen Schwierigkeiten entsprachen theologische Probleme, die in einer »Armutsbewegung« Ausdruck fanden, zum Teil außerhalb der Kirche, ja im Widerspruch zu ihr. Die Dominikaner strebten jedoch eine Erneuerung des Bewusstseins für die Mühseligen und Beladenen aus der Kirche heraus an. Sie verlangten daher eine Abkehr der Geistlichkeit vom Besitzdenken und propagierten die Nachfolge Christi orientiert an ihm und seinen Aposteln als Vorbild. Daher wanderten die Dominikaner auch im Volk umher und setzten auf ambulantes Predigen des Evangeliums und auf eine Seelsorge, die zu den Menschen kommt. Unter straffer zentralistischer Führung wurden sie bald zu einer wichtigen und jederzeit verfügbaren Hilfstruppe der kirchlichen Ordnung. Die Bekehrung von Ketzern in Frankreich und Italien gehörte zu ihren Hauptaufgaben.

Die beiden Ordensstifter Franz von Assisi und Dominikus.

Es war kein Zufall, dass neben Rom die Universitätsstädte Paris und Bologna zu ersten Zentren der Dominikaner wurden. Nicht nur zur Widerlegung der Ketzer, sondern auch für die unterrichtende Predigt im innerkirchlichen Bereich hielt man logische Schulung und solides theologisches Wissen für außerordentlich wichtig. Zwei kirchengeschichtliche Schlüsselbegriffe bleiben mit den Dominikanern verbunden: Thomismus, die Weiterentwicklung der Lehren des Thomas von Aquin, und die Inquisition, die sich den zweifelhaften Ruf einer Glaubenspolizei erwarb. Die Nähe zu Thomas erklärt sich aus dessen Mitgliedschaft im Orden; herausragende weitere Mitglieder wie die Mystiker Meister Eckart, Johannes Tauler und Heinrich Seuse im 14. Jahrhundert waren ganz von den thomistischen Ideen geprägt. Allerdings gehörte auch der 1498 von der Inquisition verurteilte und auf dem Scheiterhaufen hingerichtete Volksredner Savonarola dem Dominikanerorden an. Die Kehrseite ihrer Armenhilfe war die Schnüffelei, die ihnen den Ruf von »Spürhunden des Herrn« eintrug. Im 19. Jahrhundert kam es zu einer Erneuerung des Ordens, dem heute etwa 6500 Mönche in 680 Niederlassungen angehören.

Franziskaner

Eigentlich hieß der 1181 oder 1182 geborene Sohn des reichen Kaufmanns Bernardone aus Assisi auf Wunsch seiner provenzalischen Mutter Johannes, italienisch Giovanni. Erst später erhielt er den Namen Francesco, deutsch kurz Franz. Seinen Familiennamen legte er mit den vornehmen Kleidern ab, als ihn der Vater 1206 enterbte, denn Franz ging Wege, die ihm nicht gefielen. 1202 im Städtekrieg zwischen Assisi und Perugia in Gefangenschaft geraten, war Franz schwer erkrankt und erkannte in dieser Krise die Leere seines Lebens als reicher Lebemann. Er beschloss, künftig arm wie die Armen zu leben und seine Kraft der tätigen Nächstenliebe zu widmen. In einer Zeit, die erfüllt war vom Waffenlärm der Kreuzzüge und der Bruderkriege allerchristlichster Herrscher, fand Franz bald viele Anhänger, die wie er die Nachfolge Christi und seine Botschaft wörtlich nahmen: »Was ihr getan habt einem meiner geringsten Brüder, das habt ihr mir getan.«

Das Fresko (um 1295) von Giotto di Bondone zeigt die enge Verbindung zwischen Franz von Assisi (im Bild auf dem Totenbett) und den Klarissen, einem Orden, der 1212 gemeinsam von Franz und Klara von Assisi gegründet wurde.

Der wachsenden Gemeinschaft der Minderbrüder oder Minoriten (*Ordo Fratrum Minorum,* Abkürzung OFM), wie sie sich nannten, gab Franz eine Ordensregel, die Papst Innozenz III. 1210 billigte und die Papst Honorius III. 1223 endgültig bestätigte. Nach der Bekehrung Klaras von Assisi bildete sich seit 1212 auch ein weiblicher Zweig, die Klarissen. Sie wanderten wie die Männer durch das Land, halfen, wo sie konnten, und verbreiteten die Lehre von der Demut gegenüber der Schöpfung und der unbedingten Armut, die frei mache für den Glauben. 1220 zog sich Franz aus der Leitung seines auf über 3000 Anhänger angewachsenen Ordens zurück und machte in einer neuen Regel allen Brüdern und Schwestern die innere und äußere Mission zur Hauptaufgabe. Bei einer Ekstase zeigten sich an seinem Körper 1224 erstmals die Wundmale Christi, die erste glaubwürdig bezeugte Stigmatisation. Krank und erblindet starb Franz von Assisi am 3. Oktober 1226 und wurde von Papst Gregor IX. schon am 15. Juli 1228 heilig gesprochen.

Die Kirche hatte mit der Anerkennung der Franziskaner, wie der Orden nach dem Begründer künftig bezeichnet wurde, die Armutsbewegung wie auch im Fall der Dominikaner integrieren können und damit unter Kontrolle gebracht. Es setzten aber bald Bestrebungen ein, das radikale Armutsgebot zu mildern. Franz von Assisi, der sich gegen diese Entwicklung noch im Testament zu wehren versucht hatte, wurde übergangen. Deswegen spaltete sich ein Zweig, der an dem ursprünglichen Ideal festhielt, unter Joachim von Floris als so genannte Spiritualen ab, von denen einige wegen ihrer Radikalität zeitweilig sogar ins Visier der Inquisition gerieten. Den »Observanten«, die auf genaue Regelbefolgung sahen, standen die »Konventualen« gegenüber, die sich an älteren Orden orientierten. Beide trennten sich 1517 endgültig. 1528 spaltete sich zudem der Zweig der Kapuziner ab; alle drei Gruppierungen firmieren aber weiter unter der Abkürzung OFM *(Ordo fratrum minorum),* haben heute rund 30 000 Mitglieder, und sind nach den Jesuiten der größte Orden.

Der Hauptaltar der Klosterkirche des Benediktinerklosters Andechs in Oberbayern.

Nach dem über die Bettelorden Gesagten verwundert es kaum noch, dass der Mann, der wie kein anderer die Papstkirche erschüttern sollte, ebenfalls aus einem solchen, obschon weit weniger bekannten Orden kam. Die Vorgeschichte dieser Erschütterung ist schon in den Mahnungen der Dominikaner, mehr noch der Franziskaner, zu erkennen. Sie war nur noch mit Mühe zu kanalisieren. Die Prediger der Armut trafen bereits eine Kirche ins Mark, die sich vom ursprünglichen Ideal der Nächstenliebe, also einem entscheidenden Glaubenskern, und der Nachfolge Christi auch in der Lebensführung weit entfernt hatte. Sie war zu einer Kirche der Prachtentfaltung geworden, dies besonders während der Jahrzehnte in Avignon, und zugleich zu einer Kirche der Machtgier verkommen. Hierfür stehen das Konstanzer Konzil und die drei rivalisierenden Päpste.

Vorboten

Diese Kirche verletzte das Gebot apostolischer Armut und beschädigte das Vertrauen in die Institutionen nachhaltig in einer Zeit ohnehin schwindender Glaubensgewissheit – ausgelöst vor allem durch den Schock der Pest, die Mitte des

Die Lutherstube in der Vogtei der Wartburg. Hier übersetzte Luther während seiner Gefangenschaft das Neue Testament.

14. Jahrhunderts ein Drittel der europäischen Bevölkerung dahingerafft hatte. Auf die Formel brachte das schon der englische Pastor und Theologe John Wyclif (um 1320–1384) in seiner Pfarre mit dem prophetischen Namen Lutterworth. Er leugnete den Primat des Papstes, lehnte Mönchtum und Zölibat ab und bezweifelte sogar die von der Kirche gelehrte leibliche Anwesenheit Christi bei der Wandlung (Lehre der Transsubstantiation). Damit und mit dem Schlagwort vom Papst als Antichrist nahm er bereits Kampfparolen der Reformation vorweg.

Kein großer Theologe, aber ein mitreißender Redner war der um 1370 geborene tschechische Bauernsohn, Priester und Magister der Philosophie Jan Hus, von dem schon die Rede war. Ihm kamen die Thesen Wyclifs gerade recht zur Flankierung seines tschechischen Nationalismus, den er zum Träger der wahren Lehre mit ihren Idealen der Armut und Askese machen wollte. Daraus leiteten er und seine Anhänger Vorrechte an der Prager Universität her, was zum Auszug der »Deutschen« und zur Gründung der Leipziger Universität führte. Es rief aber auch den um die Ruhe in seinen Stammlanden – Böhmen war ja Kerngebiet der luxemburgischen Dynastie – und in der Kirche besorgten König Sigismund auf den Plan, der für die Vorladung des Rebellen Hus auf das Konzil sorgte – mit welchen Folgen für Hus haben wir gesehen. Doch die Folgen für den Staat waren kaum weniger schwer wiegend:

Hus war 1415 auf dem Scheiterhaufen den Feuertod gestorben – und plötzlich brannte Böhmen lichterloh. Der Prediger war zum Märtyrer nicht nur der christlichen, sondern

Der tschechische Kirchenreformer Jan Hus. Porträt aus dem 16. Jahrhundert.

auch der tschechischen Sache geworden, was in der Folgezeit immer weiter fanatisch verschmolz. Gegen Deutsche und Katholiken brach ein Aufstand los, der auch durch rasch zusammengeraffte Heere von Kreuzrittern nicht zu ersticken war. Die Tschechen wussten, wofür sie kämpften, und taten dies mit entsprechender Motivation und Bravour. Die Hussiten gingen in die Offensive, schlugen mit Sensen und Dreschflegeln alle Invasionstruppen in die Flucht, fluteten über die Grenzen und bahnten sich 1433 sogar einen Weg durch Polen bis nach Preußen.

Was Gewalt nicht erreichte, gelang geschickter Diplomatie: Auf dem Basler Konzil (1431–1439) gewährte man den Hussiten den Laienkelch, also das Abendmahl in beiderlei Gestalt (Brot und Wein, weswegen man sie später auch Utraquisten (»Beidgestaltler«) oder Kalixtiner (»Kelchner«) nannte. Bisher war es in der katholischen Kirche nur den Priestern gestattet, auch das Blut Christi zu kosten, den Laien stand nur die Hostie zu. Hus hatte den Laienkelch zwar gar nicht verlangt, doch hatte sich diese Abendmahlsform als Ritus bei den Aufständischen verbreitet. Sie nahmen den Kompromiss an, nur die radikale Fraktion der Taboriten, benannt nach dem Berg Tabor in Palästina, setzte den Kampf fort, nun auch gegen ihre einstigen Brüder. 1434 erlagen sie einer Koalition aus Utraquisten und Katholiken.

Martin Luther

War die Kirche nun gefestigt und konnte neuen Stürmen mit Gelassenheit entgegensehen? Im Gegenteil: Man lernte nichts aus den Lektionen, die Mönche und Reformer der großmächtigen Institution erteilt hatten. Jetzt fehlte nur noch ein Funke, der die Lunte zum Pulverfass entzünden würde.

Am 2. Juli 1505 überraschte den heimwärts wandernden Studenten Martin Luther nahe dem thüringischen Stottern-

Das wohl bekannteste Porträt von Luther stammt von Lucas Cranach d. Ä. Es entstand 1528.

VIII Reformation

Die 95 Thesen, die Luther an die Schlosskirche zu Wittenberg anschlug (oben), wendeten sich in erster Linie gegen den Ablasshandel (rechts), der als Verkauf von Seligkeit gegen Geld angesehen wurde.

heim ein Gewitter. Als ein Blitz direkt neben ihm in einen Baum fuhr und ihn zu Boden warf, rief der junge Mann: »Hilf, heilige Anna, ich will ein Mönch werden!« So hat die Legende den Knick in der Laufbahn jenes eher unauffälligen Jurastudenten und Bergmannssohns, geboren in Eisleben am 10. November 1483, umrankt, der ein Dutzend Jahre später die Welt erschütterte und schließlich die katholische Universalkirche spaltete.

Ob wirkliches oder inneres Gewitter: Luther trat damals in den Augustiner-Eremiten-Bettelorden in Erfurt ein, wurde Theologieprofessor und von der quälenden Frage, wie denn der Mensch vor Gott »gerecht« (von Sünde befreit) werden könne, zu der alles umstürzenden Antwort des Römerbriefs geführt: »Allein durch den Glauben!« Diese Erkenntnis musste in einer Zeit, da die Kirche käuflichen Ablass der Sünden anbot und ein korrupter, lasterhafter Klerus das reine Bild der Lehre Christi besudelte, den Erkennenden an der Kirche verzweifeln lassen oder auf die Barrikaden treiben. Luther veröffentlichte am 31. Oktober 1517 – die Überlieferung spricht vom Anschlag an das Portal der Wittenberger Schlosskirche – einen Aufruf, der in 95 Thesen die Rückkehr zu den Evangelien (daher die Bezeichnung »evangelisch«) und die Abkehr von Götzendienst und Lohnmoral (Sündenerlass gegen »gute Werke«) forderte.

Vor allem den Ablasshandel missbilligte Luther auf das schärfste, nicht nur weil damit den armen Gläubigen Geld für kirchliche Prachtentfaltung abgeschwindelt wurde, sondern mehr noch aus theologischen Gründen: Nach katholischer Lehre hat Gott dem Menschen die Freiheit gegeben, an seiner Erlösung durch Jesus Christus durch vorbildliches Handeln, also durch »gute Werke« aktiv mitzuwirken. Was unter solchen Werken zu verstehen war, definierte die Kirche, insonderheit der Hei-

lige Stuhl. Natürlich rangierten dabei die Verdienste um die Kirche ganz oben, und diese wurden schließlich ganz materiell-finanziell gefasst: Je nach Spende konnte dem Gläubigen Ablass von Kirchenstrafen und bald auch Ermäßigung oder gar völliger Erlass der Höllenstrafen nach dem Tod gewährt werden (Parole: »Wenn das Geld im Kasten klingt, die Seele aus dem Fegefeuer springt.«).

Der schwunghafte Handel mit Ablasszertifikaten (Beichtbriefen) erlebte zu Beginn des 16. Jahrhunderts wegen der großen Summen, die für den Bau des Petersdoms aufzubringen waren, einen derartigen Boom, dass kritische Stimmen immer lauter das schamlose Geschäft mit der Gewissenspein der Gläubigen anprangerten. Erst Luthers Thesen dagegen fanden eine derartig breite Resonanz, dass viele aufwachten, die bisher gedankenlos mitgewirkt hatten. Hinter Luthers Kritik nämlich stand seine Überzeugung, dass nur göttliche Gnade und ihre Annahme im Glauben die Erlösung bewirke. Ihre Käuflichkeit hielt er für theologisch widersinnig und ein Hohn auf die Lehren des Neuen Testaments. Die Kirche aber mochte sich von dem einträglichen Geschäft nicht trennen und erklärte Luthers Thesen für ketzerisch.

Luther verbrennt die päpstliche Bulle, die ihm den Bann androht.

Vom Papst gebannt, vom Kaiser nach einem Verhör im April 1521 auf dem Wormser Reichstag und nach der Verweigerung des Widerrufs in die Reichsacht verbannt und somit für vogelfrei erklärt, wurde Luther von seinem Landesvater, Kurfürst Friedrich III. dem Weisen, auf die Wartburg in Sicherheit gebracht, wo er seine Übersetzung der Heiligen Schrift (1522 Neues, 1534 Altes Testament) begann. Dieser Text und viele andere wortgewaltige Schriften (u. a. »An den christlichen Adel deutscher Nation«, »Von der babylonischen Gefangenschaft der Kirche«, »Von der Freiheit eines Christenmenschen«) des einstigen Mönchs weckten die deutsche Sprache aus ihrem mittelalterlichen Schlummer und riefen die schon lange zweifelnden Gläubigen zu den Fahnen der Reformation, der Reinigung und Wiederherstellung des »einen Wortes Gottes«. Der einige Jahrzehnte zuvor erfundene Druck mit beweglichen Lettern sorgte für weite Verbreitung von Luthers Schriften und Forderungen, die sich nun nicht mehr wie einst die der Vorläufer unterdrücken ließen.

VIII Reformation

Luther löste sich in der Folgezeit ganz von Rom, heiratete und gründete eigene »evangelische« oder »protestantische« Gemeinden (nach der »Protestation« der Luther-Anhänger auf dem Speyrer Reichstag 1529 gegen die Aufrechterhaltung der Ächtung des Reformators), für die er den »Katechismus« niederlegte und zahlreiche in ihrer dichterischen Kraft unübertroffene Choräle (»Ein feste Burg ist unser Gott« u. a.) und Gebete schuf. Anders als Hus und seine Lehren ließ sich das Luthertum nicht mehr in den Griff bekommen. Das hatte politische Gründe – Kaiser Karl V. brauchte die evangelischen Fürsten gegen Frankreich und gegen die Türken –, vor allem aber geistesgeschichtliche: Die aus Italien herüberwirkende Renaissance, die durch die Schriften der Humanisten wiederentdeckten und neu gedeuteten Weisheiten der Antike, weckte die Menschen aus jahrhundertelanger Unmündigkeit. Luther und die Reformatoren lieferten die theologische Fundierung der Freiheit.

Luther auf dem Reichstag zu Worms 1521 vor dem Kaiser und Kurfürsten. Auf dem Holzschnitt, der 1557 entstand, ist der Ausspruch dokumentiert: »Hier stehe ich, ich kann nicht anders, Gott helfe mir, Amen.«

Revolution durch Reformation?

Sie deckten aber auch ganz reale weltliche Missstände auf, denn der Feudalstaat trieb gerade damals besonders üble Blüten. Die Bauernschaft, die schon seit Ende des 15. Jahrhunderts in Bundschuh-Aufständen (benannt nach der primitiven Fußbekleidung des einfachen Volkes), immer wieder gegen Fürstenwillkür und Armut rebelliert hatte, nahm die von Luther verkündete »Freiheit des Christenmenschen« als Freibrief, den diversen Obrigkeiten den Gehorsam aufzukündigen. In Namen des »göttlichen« Rechts schlossen sich zu Beginn der 1520er-Jahre im Elsass, in Schwaben, Franken, Tirol und in Mitteldeutschland mit dem Schwerpunkt Thüringen, »Bauernhaufen« zusammen und versuchten ihre Forderungen durchzusetzen, formuliert beispielsweise in den »12 Artikeln« von Memmingen (März 1525).

Das waren zunächst ganz gemäßigte Ziele: Recht der Gemeinden auf Wahl und Absetzung des Pfarrers, Verbesserung der Lage der Armen, Enteignung unrechtmäßigen Grundbesitzes, Aufhebung der Leibeigenschaft. Sogar Adlige machten sich zum Anwalt der Sache der Bauern, deren Heere durch Führer aus dem Ritterstand wie Franz von Sickingen (1481–1523) oder Florian Geyer (1490–1525) erheblich an militärischer Schlagkraft gewannen. Erste Erfolge aber nährten den Übermut und waren Wasser auf die Mühlen radikalerer Kräfte. Sie fanden in Predigern wie Thomas Müntzer (1490–1525) wortmächtige Fürsprecher. Selbst im Angesicht des Fürstenheers bei Frankenhausen im Mai 1525 verhinderte Müntzer Verhandlungen, weil er

Kupferstich von Christoffel van Sichem aus dem Jahr 1608, der das Porträt Thomas Müntzers zeigt.

beim »Kampf der Frommen gegen die Gottlosen« mit dem Eingreifen des Allmächtigen auf Seiten der gerechten Sache setzte.

Diese Hilfe aber blieb aus. Stattdessen griff auf Seiten der Obrigkeit ein Mächtiger ein, nämlich Luther selbst, der im Treiben der Aufständischen eine Gefahr für die evangelische Sache sah. Seine Schrift »Wider die stürmenden Bauern« (1525) und seine Predigten trafen die Aufstandsbewegung mindestens so schwer wie die militärischen Niederlagen, die jetzt in rascher Folge dem Aufruhr ein überaus blutiges Ende machten. Müntzer wurde wie tausende von »Rädelsführern« hingerichtet. Seine utopischen Lehren von vollkommener Gütergemeinschaft und Beseitigung aller Obrigkeit aber lebten weiter.

Luthers Aufruf zur Umkehr verstanden manche radikal und forderten die Wiederherstellung urchristlicher Verhältnisse, also auch die Erwachsenentaufe, die schon früh vom Brauch der Kindertaufe abgelöst worden war, wobei die hohe Säuglingssterblichkeit eine wesentliche Rolle gespielt hatte. Diese »Wiedertäufer«, die eine zweite Taufe forderten, radikalisierten sich zu theokratischen Gemeinschaften, in denen meist nur ein Wille galt, angeblich – wie es der Name sagt – der Gottes, in Wirklichkeit aber der besonders machtbewusster Fanatiker wie »König« Jan Bokelson. Er errichtete in Münster ein »Neues Jerusalem« mit Gemeineigentum (auch an den Frauen, jedenfalls für die Führer) und barbarischer Blutjustiz. Katholische wie protestantische Fürsten machten dem selbst ernannten Gottesstaat mit einem furchtbaren Massaker 1535 ein Ende.

Solche Entartungen gefährdeten immer wieder Luthers geistliches Reformwerk, das sich dennoch unaufhaltsam durchsetzte, vor allem in Mittel- und Norddeutschland, in Skandinavien und im einstigen Ordensland im Osten. In der Schweiz bildete sich durch Ulrich Zwingli (1484–1531) und Johannes Calvin (1509–1564) ein weiteres Zentrum des Protestantismus, in anderer Ausprägung zwar, aber kaum weniger dynamisch und vor allem in West- und Nordwesteuropa wirksam. Gewaltsame Rekatholisierung scheiterte fast überall, und 1555 wurde im Augsburger Religionsfrieden der evangelische Glaube anerkannt. Die Konfession der Landesherren sollte künftig maßgeblich sein für die seiner Untertanen. Luther, der am 18. Februar 1546

In den Grundanschauungen waren Luther und Zwingli in vielen Punkten einig. Letztlich jedoch scheiterten ihre gemeinsamen Bemühungen an der Interpretation des Abendmahls.

in seinem Geburtsort Eisleben gestorben war, hatte Retter der Kirche sein wollen. Nun war er ihr Spalter geworden.

Einig nur in der Uneinigkeit

Doch auch die evangelische oder protestantische Bewegung fächerte sich weiter auf. Schon zu Luthers Lebzeiten kam es zu mancherlei Streit um wesentliche theologische Fragen. Selbst mit Zwingli, der Luther weit näher stand als später Calvin, vermochte der Reformator in einer entscheidenden Frage keine Einigkeit herzustellen:

»Ein Bauchdienst und ein Gefresse wie in den Tavernen« sei das Abendmahl der Schweizer, bei dem Brot und Wein nur Leib und Blut Christi bedeuteten, der Heiland aber nicht tatsächlich anwesend sei. So Luther und die Lutheraner. »Fleischfresser!« konterten Zwingli und seine Anhänger und schüttelten sich beim bloßen Gedanken daran, den Leib des Herrn zu verzehren und sein Blut zu trinken. Hier der Humanist, der in den sakralen Handlungen nur Symbole zu sehen vermochte, da der Mönch mit dem unerschütterlichen Glauben an das Wunder der »realen Gegenwart« seines Gottes im Sakrament. Diese Kluft erwies sich auch in der persönlichen Begegnung der beiden Reformatoren als unüberbrückbar.

Herbeigeführt hatte das Gespräch der Zwingli zuneigende Landgraf Philipp von Hessen, der im April 1529 die Einladung an die beiden Parteien ausgesprochen und sie drei Tage lang vom 1.–3. Oktober des gleichen Jahres bei sich in Marburg zu Gast hatte. Teilnehmer war außer den beiden Hauptfiguren unter anderen Luthers engster Mitstreiter Philipp Melanchthon (1497–1560). In vielen Punkten vom Zölibat bis zur Messe, vom Laienkelch bis zur Rechtfertigungslehre war man sich rasch einig, sodass Luther seiner Frau freudig schrieb: »Wir seind fast in allen Stücken eins«. Doch das Trennende, der schon angedeutete Abendmahlsstreit, wuchs mit der erregten Debatte zu einem Konflikt, an dem alle Einheit zuschanden zu gehen drohte.

Der polternde Luther, der Zwingli umstandslos unter die gefährlichen Schwarmgeister rechnete, und der geschliffen diskutierende Schweizer fanden buchstäblich keine gemeinsame Sprache: Luther nannte den alemannischen Dialekt des Kontrahenten in deutlicher Anspielung auf den härenen Gottseibeiuns (haarigen Teufel) »filzig und zotticht«, und Zwingli dürfte die sächsische Mundart seines Gesprächspartners kaum weniger erschreckt haben. Luther brachte die gegenseitige Abneigung auf den Punkt: »So reimt sich unser Geist und Euer Geist nicht zusammen.« Man konnte sich nicht einmal auf eine gemeinsame Abendmahlsfeier zum Abschied verständigen, der etwas überstürzt wurde, weil in der Gegend »Englischer Schweiß« auftrat, eine bis heute nicht ganz geklärte Seuche. Die Marburger Artikel, in denen Luther die Gemeinsamkeiten zusammenfasste und die auch Zwingli billigte, klammerten den eigentlichen Streit aus. Auf dem Reichstag von Augsburg 1530 traten Kaiser Karl V. zwei unversöhnte protestantische Fraktionen gegenüber.

Kampf und Kompromiss

Nach Luthers Tod gingen die Querelen weiter, denn sein geistlicher Erbe Melanchthon erlangte nie die Autorität des Reformators. Wenn doch ein gewisser Zusammenhalt der Protestanten gewahrt blieb, dann wegen des äußeren Drucks, den vor allem der Kaiser auf sie ausübte. Schon ein Jahr nach Luthers Ableben besiegte er den Bund der evangelischen Fürsten und zwang sie zu Zugeständnissen. Mit den Waffen aber war der konfessionelle Konflikt nicht zu entscheiden, ja sie verhärteten die Positionen nur weiter. Erst als man wieder ins politische Gespräch kam, gelang ein Kompromiss, der lange Bestand haben sollte:

Trotz des militärischen Erfolges musste der Kaiser akzeptieren, dass ein friedliches Nebeneinander der Konfessionen schon ein schöner Erfolg wäre. Sein Diktat (Augsbuger Interim) nach dem Sieg war dazu freilich nicht geeignet und führte letztlich nur zu einer Fürstenverschwörung 1550/1551. Karl V. resignierte, zog sich aus Deutschland zurück und überließ dem Bruder Ferdinand I. die Regelung der Streitigkeiten auf dem Reichstag in Augsburg 1555. Da die Gespräche nicht vorankamen, ordnete Ferdinand direkte Verhandlungen zwischen den Parteien an, die sich endgültig vom inzwischen utopischen Ziel einer einheitlichen Kirche in Deutschland verabschiedeten. Ihr Kompromiss wurde dem König vorgelegt und von ihm überarbeitet. Am 25. Septem-

Philipp, Landgraf von Hessen, auch genannt der Großmütige. Auf seine Initiative kamen im April 1529 Luther und Zwingli zusammen.

ber nahm der Reichstag Ferdinands Vorlage für den so genannten Augsburger Religionsfrieden ohne wesentliche Abstriche an.

Den Anhängern des Evangelischen wurde »beständiger, beharrlicher, unbedingter, für und für ewig währender« Friede gewährt, den Landesherren die Bestimmung über die Konfession der Untertanen und in protestantischen Ländern die geistliche Rechtsprechung eingeräumt, Andersgläubigen sollte die Auswanderung und der Verkauf ihrer Habe gestattet sein, geistliche Fürsten verloren bei Konfessionswechsel ihre Herrschaftsgebiete, den Reichsstädten wurde Toleranz gegenüber beiden Konfessionen auferlegt. Die für diese Regelung gefundene griffige Formel »cuius regio, eius religio« (wes die Herrschaft, des die Konfession) stammt erst aus dem Jahre 1599, trifft den Kern des 144 Paragraphen umfassenden Friedens jedoch gut. Er galt bis zum Ende des Reiches im Jahr 1806.

Ferdinand I. war als Stellvertreter Karls V. maßgeblich am Zustandekommen des Augsburger Religionsfriedens von 1555 beteiligt.

Gegenreformation

Allerdings mit einer entsetzlichen Unterbrechung, als im Namen Christi beide Konfessionen in einem der furchtbarsten Kriege der Neuzeit noch einmal um die Vorherrschaft rangen. Zunächst hatte katholischerseits das Bemühen eingesetzt, durch eigene Erneuerung und Reformen der Reformation den Wind aus den Segeln zu nehmen und durch Propaganda und politischen Druck eine Gegenreformation in Gang zu bringen: Sie hatte ihren Anfang schon mit der Gründung der Gesellschaft Jesu im Jahr 1534 genommen; die Jesuiten wurden die Hauptträger dieser Bewegung. In Deutschland ging der Kampf darum, die Verhältnisse, die der Augsburger Religionsfriede 1555 festgeschrieben hatte, wieder zugunsten der katholischen Kirche zu verändern.

Seit 1580 unternahmen verschiedene geistliche Fürsten, der Abt von Fulda, die Bischöfe von Würzburg, Bamberg und Eichstätt, mit Unterstützung Bayerns und Österreichs die ersten Versuche, die protestantische Glaubensausübung zu unterbinden. Vorkämpfer war hier Julius Echter von Mespelbrunn, der 1573–1617 im Bistum Würzburg wirkte. Durch den Wittelsbacher Ernst von Bayern und seinen Nachfolger Ferdinand von Bayern setzte die Gegenreformation seit 1585 in Köln, Münster, Freising, Hildesheim und Lüttich ein. Zu Tausenden flohen die Protestanten aus der »Pfaffengasse«, wie man damals die geistlichen Fürstentümer an Rhein und Main nannte. 1595 begann der spätere Kaiser Ferdinand II. in seinen Erbländern Steiermark, Kärnten und Krain mit gegenreformatorischen Maßnahmen, die er als König von Böhmen (1617) und König von Ungarn (1618) fortsetzte. Er war auch verantwortlich für den kreuzzugartigen Charakter, den die Gegenreformation bald annehmen sollte.

Sie traf auf einen durch innere Auseinandersetzungen geschwächten Gegner: Liberales Luthertum stand gegen eifernden und radikalen Calvinismus. Letzterer hatte seine Zentren vor allem in Brandenburg und in der Pfalz. Für manchen Lutheraner waren die Calvinisten mit ihrer Prädestinationslehre (Leugnung des freien Willens) noch schwerer zu ertragen als die »Papisten«. Ihren Höhepunkt erreichte die Gegenreformation in Deutschland mit dem Restitutionsedikt von 1629, mit dem norddeutsche Bistümer wie Magdeburg, Bremen, Minden, Halberstadt, Lübeck, die im 16. Jahrhundert evangelisch geworden waren, wieder katholisch gemacht werden sollten. Doch zu diesen Zeitpunkt herrschte bereits seit über zehn Jahren jener Krieg, der unendliches Leid über Land und Menschen, aber keine Entscheidung brachte. Eine kurze Skizze des blutigen Ringens gehört hierher, denn es brachte den Abschluss sowohl der Reformation, als auch der Gegenreformation.

Metzeln im Namen Christi

»Was ist die Welt?« fragte der Barockdichter Christian Hofmann von Hofmannswaldau (1617–1679) und gab die Antwort:

»Ein Sklavenhaus, da alle Menschen dienen,/Ein faules Grab, so Alabaster deckt.« Tiefe Depression machte sich breit nach dem großen Krieg, der 1618 bis 1648 Deutschland verwüstet und entvölkert hatte. Es war ein Krieg der Kronen unter dem Deckmantel des Glaubens, und er wurde auf dem Rücken der kleinen Leute ausgetragen, wobei der Glaube, um den es angeblich ging, schwer beschädigt wurde: »Lutherisch, Päbstisch und Calvinisch, diese Glauben alle drey/Sind vorhanden; doch ist Zweiffel, wo das Christenthum dann sey«, stellte Hofmanns Kollege Friedrich Logau (1604–1655) bitter fest.

Begonnen hatte das Verhängnis im Herzen des Reiches, in Böhmen, nachdem Reformation und Gegenreformation in den Jahren zuvor ihre Truppen gesammelt hatten: 1608 gründeten die evangelischen Stände (Vertreter der Gesellschaftsschichten) unter Führung des pfälzischen Kurfürsten Friedrich V. die protestantische Union, im Jahr darauf sammelte sich die katholische Liga um Kurfürst Maximilian I. von Bayern.

Unter Ferdinand II. wurde der Protestantismus in den habsburgischen Erblanden fast völlig verdrängt. Besonders nachdem Wallenstein ihm ein eigenes Heer verschafft hatte, gelangte er im Deutschen Reich zeitweise zu einer unangefochtenen Machtstellung.

Feuer aber an die Lunte legte der Wiener Hof, als Kaiser Matthias den Majestätsbrief seines Bruders und Vorgängers Rudolf II. aus dem Jahre 1609 ignorierte, der den böhmischen Ständen Religionsfreiheit zugesichert hatte. Der Kaiser wollte wenigstens im eigenen Hause katholische »Rechtgläubigkeit« durchsetzen.

Die protestantische Wut entlud sich 1618 gegen die kaiserlichen Statthalter, die kurzerhand aus einem Fenster der Prager Burg geworfen wurden und nur wie durch ein Wunder überlebten. Ehe Matthias Entscheidendes gegen die böhmischen Rebellen unternehmen konnte, starb er 1619 und vererbte den Krieg seinem Nachfolger Ferdinand II., einem gegenreformatorischen Eiferer. Böhmen verweigerte natürlich seine Wahl und hob als Gegenkönig den Protestantenführer Friedrich V. von der Pfalz auf den Schild. Ein kaiserliches Heer unter dem alten Haudegen Tilly (geboren 1559) vernichtete allerdings schon im Jahr darauf durch einen Sieg am Weißen Berg die böhmischen Hoffnungen, was Friedrich den Spottnamen »Winterkönig« einbrachte.

Wallenstein und Gustav Adolf

1623 war dieser böhmisch-pfälzische Krieg beendet, die pfälzische Kurwürde (fürstliches Recht, den Kaiser zu wählen) fiel an Bayern, und über Böhmen erging ein schweres Strafgericht mit zahlreichen Hinrichtungen, Enteignungen und Vertreibungen; 150 000 Böhmen verließen ihre Heimat. Dänemarks König Christian IV. nahm sich daraufhin der protestantischen Sache an, traf aber auf einen überlegenen Gegner: Der Konvertit Albrecht von Wallenstein (geboren 1583) stellte dem Kaiser auf eigene Kosten ein 40 000-Mann-Heer zur Verfügung und führte es mit genialer Taktik von Sieg zu Sieg, wobei er die Versorgung nach dem Plünderungsgrundsatz organisierte: »Der Krieg ernährt den Krieg.« Bis 1629 war fast ganz Norddeutschland in katholischer Hand und der dänisch-niedersächsische Krieg abgeschlossen. Ferdinand II. verfügte mit dem schon erwähnten Restitutionsedikt die Rückgabe aller seit 1552 von den Protestanten gewonnenen Gebiete.

Wallenstein aber, inzwischen zum Herzog von Friedland erhoben, war den Reichsfürsten zu mächtig geworden; sie erzwangen seine Abberufung. Das sollte sich rächen, denn auch eine Großmacht war durch Wallensteins Erfolge aufgeschreckt worden: Schweden fürchtete um seine Ostseeposition und griff mit Truppen unter König

Der Widerstand böhmischer Protestanten gegen die gegenreformatorischen Maßnahmen gipfelte 1618 in dem »Fenstersturz zu Prag«, bei dem zwei kaiserliche Statthalter kurzerhand aus dem Fenster des Hradschin geworfen wurden.

Gustav II. Adolf in den deutschen Krieg ein, der nun in seine dritte Phase trat und ein schwedischer wurde. Die katholische Seite geriet in schwere Bedrängnis, nachdem Tilly 1631 in der Schlacht bei Breitenfeld vom »Löwen aus Mitternacht«, so der Kriegsname des Schwedenkönigs, vernichtend geschlagen worden und 1632 nach der nächsten Niederlage bei Rain am Lech seinen Verwundungen erlag.

Eilends wurde Wallenstein wieder zum Generalissimus bestellt: Er besiegte die Sachsen und stoppte die Schweden. Zwar verlor er die Schlacht bei Lützen am 16. November 1632, doch die Niederlage war wertvoller als jeder Sieg, denn Gustav Adolf war gefallen und der schwedische Schwung entscheidend gebremst. Nun, nachdem er Schlesien hatte nehmen können, sah »der Friedländer« seine Stunde auch politisch gekommen und bahnte Friedensverhandlungen mit den Schweden an. Eigenmächtig, gewiss, aber Rebellion, wie damals und später oft behauptet? Wallenstein-Biograph Golo Mann meint dazu, »dass seine vielberedete Verschwörung stark überwiegend Missverständnis, Verleumdung, Nebel und Humbug war«. Das aber reichte zum Gegenkomplott: Am 25. Februar 1634 fiel der Feldherr nach Verurteilung und Abset-

Zwei der wichtigsten Protagonisten des Dreißigjährigen Kriegs: Wallenstein (links) und Gustav Adolf von Schweden (rechts).

Kardinal Richelieu nahm nicht nur innenpolitisch eine zentrale Stellung ein; sein politisches Handeln war ebenso von außenpolitischen Faktoren beeinflusst.

zung durch den Kaiser in Eger einem Mordanschlag einiger seiner Offiziere zum Opfer. Beide Seiten waren damit ihrer charismatischen Führer beraubt. Der Frieden von Prag 1635 brachte den Verzicht Ferdinands II. auf das Restitutionsedikt von 1629 – aber noch immer nicht das Ende des endlosen Krieges. Das katholische Frankreich des Kardinals Richelieu sah nun die Chance, Habsburg zu schwächen, und verbündete sich mit den nicht friedensbereiten Resten der protestantischen Partei und mit den Schweden. Die vierte, längste und letzte Phase, der schwedisch-französische Krieg, begann.

»Die Kirch ist umgekehret«

Vierzehn Jahre zog er sich hin, überdauerte seine »Erfinder« Ferdinand II., der 1637 starb, und Richelieu, der fünf Jahre später folgte, und machte den dreißigjährigen Waffengang erst zu dem Trauma, das die deutsche Geschichte für Jahrhunderte prägen sollte. Entscheidende Siege gelangen keiner Seite mehr. Längst wusste kaum noch jemand, wofür so massenweise gestorben wurde; um des Glaubens Willen sicherlich nicht mehr, wenn es denn überhaupt jemals um Religiöses gegangen war. Front war überall da, wo die oft führerlos marodierenden Landsknechtshaufen auftauchten und sich um die schäbigen Reste in den Vorratskammern der Bauern schlugen. Mit bestialischen Foltermethoden wie dem sprichwörtlichen »Schwedentrunk« (kochende Jauche) versuchte man Hinweise auf versteckte Habseligkeiten aus den hungernden Menschen herauszupressen.

Das Treiben der Soldateska beschrieb der Romancier Johann von Grimmelshausen (1622–1676) im »Simplicissimus«: »Totschlagen und wieder zu Tod geschlagen werden, Jammer anstellen und wieder jämmerlich leiden, schlagen und wieder geschlagen werden; und in Summa nur verderben und beschädigen ...« Der Krieg hinterließ ein Deutschland, von dem es im Gedicht »Tränen des Vaterlands« von Andreas Gryphius (1616–1664) heißt: »Die Türme stehn in Glut, die Kirch ist umgekehret, / Das Rathaus liegt im Graus, die Starken sind zerhaun, / Die Jungfraun sind geschänd't, und wo wir hin nur schaun, / Ist Feuer, Pest und Tod, der Herz und Geist durchfähret.«

Das Friedenstraktat von Münster, das mit dem »Westfälischen Frieden« 1648 den dreißig Jahre währenden Krieg beendete.

Ausblick

Erst der Westfälische Frieden von 1648 machte dem Gemetzel im Namen der Religion der Nächstenliebe ein Ende.

Was die Konfessionen angeht, hält er bis heute, obschon es natürlich immer wieder Entwicklungen gab, die von der jeweils anderen Seite mit Skepsis, ja Empörung gesehen wurden: Die katholische Kirche etwa stand der im 18. Jahrhundert sich ausbreitenden Frömmelei der so genannten Empfindsamkeit verständnislos gegenüber und konnte auch mit den diversen Erweckungsbewegungen des 19. Jahrhunderts seitens evangelischer Kreise nichts anfangen.

Heute beispielsweise herrscht heftiger Dissens in Fragen der Zulassung von Frauen zum geistlichen Amt oder der Ehe von Homosexuellen, die Rom vehement ablehnt, während maßgebliche Protestanten sich mit der Idee durchaus anzufreunden vermochten. Andersherum tat sich die evangelische Seite sehr schwer mit dem 1870 auf dem 1. Vatikanischen Konzil verkündeten Dogma von der Unfehlbarkeit des Papstes, wenn er amtlich (»ex cathedra«) über Fragen des Glaubens und der Lehre befindet. Das hat den Graben ebenso vertieft wie die 1953 in dogmatischen Rang erhobene Himmelfahrt der Gottesmutter Maria.

Annäherungen hingegen sind amtskirchlich weit seltener: Am 31. Oktober 1999 war es daher eine Sensation, dass ausgerechnet am Reformationstag eine gemeinsame Erklärung katholischer und evangelischer Theologen zur Lehre darüber herausgegeben wurde, wie der Mensch vor Gott Gnade finden könne. Dieser Kerngegensatz, der aus Luthers Thesen die Kirchenspaltung hatte werden lassen, ist nun aus der Welt.

Doch ansonsten bleibt vieles unüberbrückbar, jedenfalls für die Experten: Ob Heiligenverehrung, Rolle des Papstes oder Frauenordination – da scheiden sich die Geister nach wie vor. Die Herzen der Gläubigen aber sind offenbar wesentlich weiter: In vielen Städten sehen sie kaum noch auf die Konfession, besuchen den jeweils anderen Gottesdienst und stehen zusammen, wenn es um christliche Werte geht. Viele Katholiken akzeptieren Pastorinnen und wünschen sich für ihre Kirche auch Priesterinnen. Auf der anderen Seite hat der Papst durchaus auch evangelische Anhänger. Warum da ein gemeinsames Abendmahl nicht möglich sein soll, verstehen immer weniger Christen.

Zwar bedrohen heute nicht mehr gottlose Diktatoren wie Stalin oder Hitler die Kirchen und ihre Anhänger, doch einfach sind die Zeiten auch nicht. Mitgliederschwund und Konfrontation mit den Fundamentalisten anderer Religionsgemeinschaften lassen eine Besinnung auf den gemeinsamen Herren und seine Botschaft, die für beide großen Kirchen verbindlich in der Heiligen Schrift steht, geraten erscheinen. Auch beim Kampf um die Bewahrung der Schöpfung, die leichtfertig durch ungebremstes Wachstum der Ausbeutung der Erde und der sie ausbeutenden Menschheit aufs Spiel gesetzt wird, ist gemeinsam leichter zu führen und womöglich zu gewinnen. Der Globalisierung, die zentrale christliche Werte außer Kraft zu setzen droht, ist mit abgestimmtem Gegensteuern im Geist der Evangelien ebenfalls besser zu begegnen.

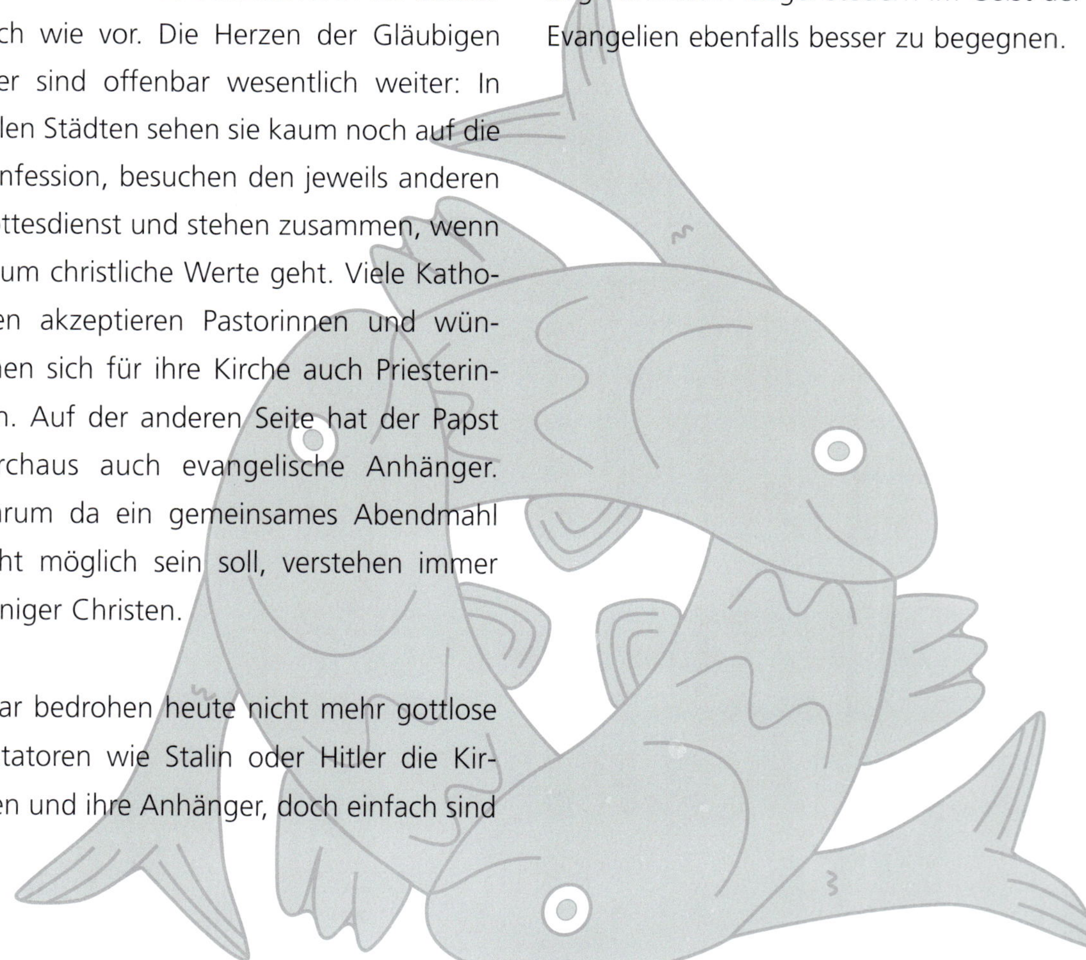

Wenn dabei nur die beiden großen Strömungen, vertreten durch die Amtskirchen, zu berücksichtigen wären, käme man vielleicht eher voran. Doch die Reformation spaltete nicht nur die Universalkirche, sondern sie sprengte auch Fesseln und brachte den Christenmenschen tatsächlich die Freiheit, ihrem Gewissen zu folgen. Und das sprach und spricht bei vielen Menschen höchst unterschiedlich, gerade was Glaubensfragen angeht. Außerdem: Die Reformation kam zu einer Zeit, da sich Europa aufmachte, die übrige Welt zu kolonisieren, was auch geistlich zu verstehen war. Wo die weißen Kolonisten, Siedler, Soldaten, Seeleute, Pflanzer hinkamen, brachten sie auch Gebetbuch und Bibel mit. In den ersten Jahren der Entdeckungsreisen waren diese noch katholisch. Wenig später aber traten die Träger der Mission in konfessionelle Konkurrenz. War es für diejenigen, die mit den besten christlichen Vorsätzen Jesu Lehre verbreiten wollten, schon schlimm genug, dass sie meist im Gefolge von gnadenlosen Ausbeutern kamen, so erschwerte ihnen die Mehrstimmigkeit der Verkündigung ihr Werk weiter.

Auffächerung

Durchgesetzt hat sich das Christentum daher vor allem dort, wo die Urbevölkerung von den Europäern dominiert, unterdrückt, zur Minderheit gemacht oder gar ausgerottet wurde. An den äußersten Rand geraten etwa ist sie in der Neuen Welt, wobei sie im Norden fast ganz verschwand. Hier kam vor allem die protestantische Richtung des Christentums zur Geltung, weswegen Nordamerika geradezu eine Brutstätte für Sondergruppen wurde. Zum einen waren viele Einwanderer wie die Puritaner eben wegen der religiösen Diskri-

Holländischer Kolonist, der von schwarzen Sklaven getragen wird. Zeitgenössisches Aquarell (1634–1637) von Zacharias Wagner.

minierung daheim ausgewandert, zum anderen fehlte ein großkirchlicher Zusammenhang, und zum dritten förderte das weite Land religiöse Inselbildungen. Katholische Einflüsse durch französische und spanische Siedler machten sich ebenfalls bemerkbar, sodass die Vereinigten Staaten nicht nur ethnisch (aufgrund der Völkerschaften) ein *melting pot* (»Schmelztiegel«) wurden, sondern sich auch in religiöser Hinsicht multikulturell entwickelten.

Zudem war es dort und anderswo so, dass die religiösen Bräuche und Vorstellungen, die die Missionare vorfanden, ihre Spuren in der Volksfrömmigkeit der neu christianisierten Länder hinterließen und ihrerseits spirituell zurückwirkten. Das machte den Chor der Christen noch vielfältiger und hat zu einer derartigen Auffächerung der Lehre geführt, dass es dickleibige Handbücher braucht, alle die Gruppen zu erfassen, die sich selbst als christlich verstehen. In vielen Fällen lässt sich die Grenze kaum noch ziehen, und in den Augen der großen Kirchen sind die meisten Sondergruppen allenfalls noch Sekten, ein Wort mit schlechtem Klang und vielen gegenüber ungerecht, wenn es etwa um tätige Nächstenliebe geht.

Allerdings geht es bei der Trennung von den Großkirchen eher um wesentliche Differenzen in Glaubensaussagen, wie einige Porträts der wichtigsten Sondergruppen zeigen werden.

Schon in der Reformationszeit bildeten sich, wie an den Calvinisten (heute: Reformierten) gesehen, unterschiedliche evangelische Kirchen und auch schon Sondergruppen wie die Wiedertäufer. Durch die allerdings politisch bedingte Abspaltung der englischen Kirche von Rom, kam die Anglikanische Kirche hinzu, und von ihr lösten sich Presbyterianer und Puritaner. Seitdem ist der Prozess immer neuer Gemeindebildungen nicht zum Stillstand gekommen, ja er hat neuen Schub dadurch erhalten, dass sich seit Beginn des 20. Jahrhunderts in der Regel eine tolerantere Haltung des Staates durchzusetzen begann. Das immer buntere Bild soll durch die folgenden Porträts der bedeutendsten christlichen Sondergruppen übersichtlicher gemacht werden. Nicht aufgeführt sind wichtige, aber nur noch sehr bedingt christlich zu nennende Gruppen wie Theosophen, Anthroposophen, Rosenkreuzer, UFO-Bewegung usw. Zur besseren Orientierung sei die knappe Auswahl in alphabetischer Reihenfolge präsentiert.

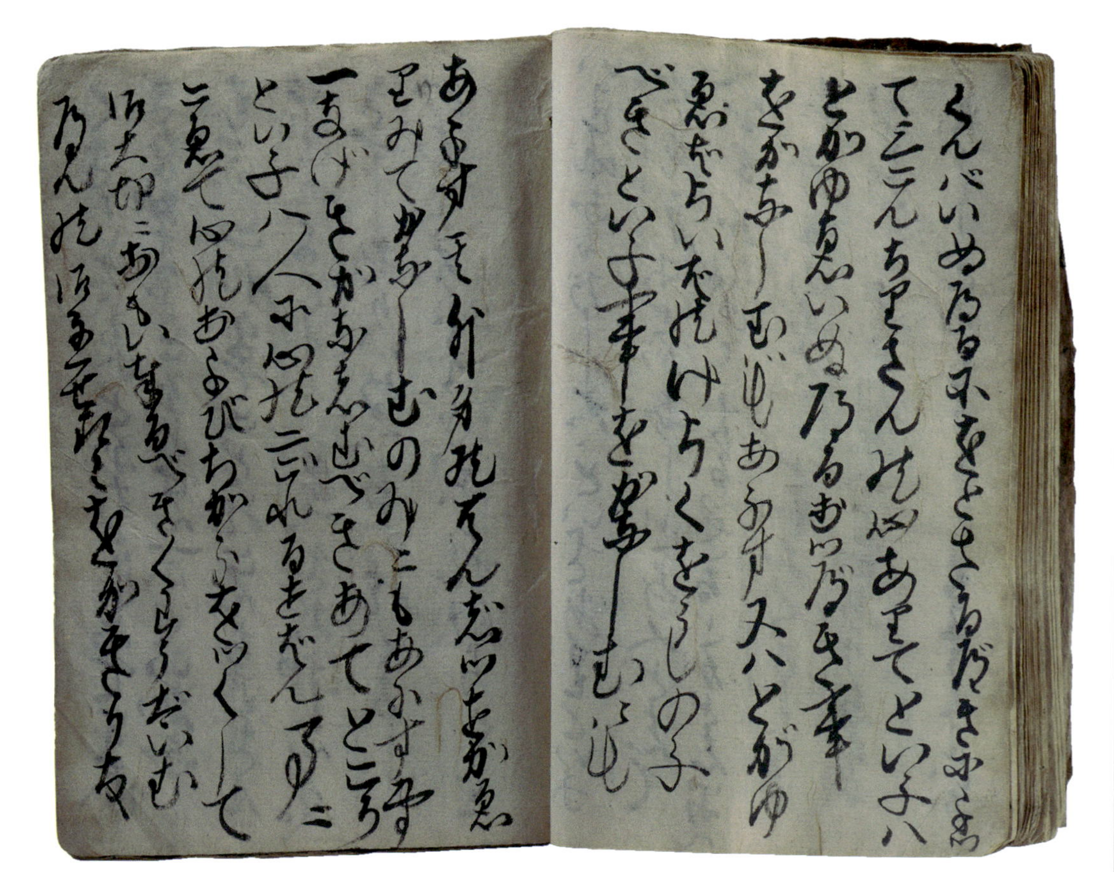

Buch der katholischen Lehre in japanischer Schrift. Dokument aus dem 17. Jahrhundert.

Adventisten

Zu Beginn des 19. Jahrhunderts sammelte der amerikanische Farmer William Miller (1782–1849) in den Bundesstaaten New York, Maine und Massachusetts eine Schar von Anhängern um sich, die sehr rasch anwuchs. Aus Bibelworten wollte er berechnet haben, dass Christi Wiederkehr in der Zeit zwischen dem 21. März 1843 und dem 21. März 1844 zu erwarten stehe. Als Anfangsdatum für seine Berechnungen nahm er dabei den vermuteten (aber falschen, wie man heute weiß) Beginn des Wiederaufbaus des Tempels in Jerusalem im Jahre 457 v. Chr. und zählte die »2300 Abende und Morgen«, von denen der Prophet spricht, als Jahre hinzu. Die Frist jedoch verstrich, und auch die Korrektur auf den 22. Oktober 1844 erwies sich als nicht zutreffend. Miller wurde aus der Gemeinschaft ausgeschlossen, die ohne seine charismatische Führung in vielerlei Gruppen zerfiel.

Zu größerem Einfluss sind nur die Adventisten des Siebenten Tages gekommen. Sie erklärten das Ausbleiben Christi nun damit, dass mit dem magischen Datum 1843/1844 erst die Reinigung des himmlischen Heiligtums, also noch nicht die des irdischen begonnen habe. Die irdische werde vor allem die Großkirchen treffen, die dadurch aus der heiligen Ordnung gefallen seien, dass

Taufzeremonie der Adventisten. Farbdruck aus »Le Petit Journal«, Frankreich 1910.

sie nicht mehr den Sabbat heiligten, wie im Alten Testament gefordert, sondern den Sonntag. Nur diejenigen, die sich strikt an die Gebote hielten und »das Siegel Gottes auf der Stirn« trügen, würden dereinst zu den Auserwählten gehören. Vor allem durch die Visionen der zwanzigjährigen Ellen G. White (1827–1915) wurden die Sabbatfeiern als unabdingbar bestätigt. Sie war es auch, die der adventistischen Mission, auch in Deutschland, zu Schub verhalf, denn sie berief sich auf die Offenbarung des Johannes (14, 6–11), nach der die Adventisten als Volk Gottes der Endzeit aller Welt die Heilsbotschaft zu verkünden hätten.

Die Sieben-Tags-Adventisten bekennen sich ohne Vorbehalte zu Jesus Christus und empfangen die Gnade Gottes durch die Taufe, die sie verpflichtet, jegliche Sünde zu meiden. Bereits als Kind getaufte Anhänger werden als Erwachsene wieder getauft. Ihr Bestehen auf dem Sabbat als Feiertag begründen sie damit, dass nur das ganze Gesetzeswerk Gottes Gültigkeit habe und Ausnahmen nicht möglich seien. Wer dennoch stattdessen den Sonntag feiere, schlage die Erlösung aus. Nicht so wesentlich, aber durch Weisung von Frau White zum festen Bestandteil des adventistischen Lebens geworden sind gewisse Vorschriften für Waschungen und Ernährung. Nur vegetarische Kost gilt als zulässig, auf Rauchen und Alkohol verzichtet der Adventist gänzlich. Heute verfügen die Adventisten in verschiedenen Ländern über eigene Nahrungsmittelbetriebe.

Weltweit gibt es 5000 adventistische Schulen, drei Universitäten für den Priesternachwuchs und zur Ausbildung von Lehrern und Ärzten. Die Gruppe betreibt rund hundert Krankenhäuser und Sanatorien, fast doppelt so viele kleinere gesundheitliche Einrichtungen sowie zahlreiche Verlage und TV-Programme. Insgesamt beziffern die Adventisten ihre Anhängerschaft auf 5 Millionen, in Deutschland gehören rund 30 000 Menschen zu etwa 350 adventistischen Gemeinden. Die Amtskirchen anerkennen das Bemühen der Sondergruppe um vertieftes christliches Glaubensverständnis. Sie lehnen aber die Sabbat-Feier ab und auch die Reglementierung der Ernährung, wobei sie auf das Pauluswort verweisen: »So lasst euch nun von niemandem ein schlechtes Gewissen machen wegen Speise und Trank oder wegen eines bestimmten Feiertages, Neumondes oder Sabbats« (Kolosserbrief 2, 16).

Altkatholiken

Auslöser für die Loslösung der Altkatholischen Kirche von Rom war die Verkündigung des Unfehlbarkeitsdogmas am 18. Juli 1870 auf dem 1. Vatikanischen Konzil. Danach kann der Papst nicht irren, wenn er in seiner Eigenschaft als Stellvertreter Christi und Nachfolger Petri (»ex cathedra«) über Glaubensfragen urteilt. Dem mochte eine kleine Gruppe von Bischöfen nicht folgen. Sie beharrte darauf, dass Christus als Haupt der Kirche unmittelbar mit den Konzilien und Amtsträgern verbunden sei, und so alle Bischöfe in brüderlicher Gemeinschaft gleichgestellte Hirten seien; der Papst als Bischof von Rom könne da auch nicht mehr als einen Ehrenrang beanspruchen. Jeder Ultramontanismus sei daher abzulehnen, ein Begriff, der sich auf die Ausrichtung der deutschen, französischen und anderen katholischen Kirchen auf Rom bezieht, das ja von Norden aus gesehen jenseits der Berge (ultramontan) liegt.

Anführer der »Rebellen« war der Münchner Theologe Ignaz Döllinger (1799–1890). Er und andere weigerten sich beharrlich, den Konzilsbeschluss anzuerkennen und wurden daher mit dem Kirchenbann belegt; Döllinger am 17. April 1871. Dadurch

Porträt (um 1868) von Ignaz von Döllinger, katholischer Theologe und Historiker.

sahen sich die Altkatholiken als die einzigen »echten Katholiken« und brachen mit Rom. Nach Protestversammlungen in München und Köln in den Jahren 1871/1872 bildete sich ein altkatholischer Kongress heraus, der auf Abhaltung eigener Gottesdienste drang und damit die Trennung von Rom auch organisatorisch vollzog. Im Sommer 1873 wurde ein eigener altkatholischer Bischof gewählt und geweiht. Und da man schon den Schritt in die Selbstständigkeit gewagt hatte, entledigte man sich nun auch anderer katholischer Grundsätze, die viele ohnedies nur widerwillig akzeptiert hatten: Aufgegeben wurde der Zwang zur Ehelosigkeit (Zölibat) für Priester, die Ohrenbeichte, eingeführt der Laienkelch, also die Austeilung des Abendmahls mit Brot und Wein an die Gemeinde. Auch das Dogma von der Unbefleckten Empfängnis Mariä, das 1854 verkündet worden war, erklärten die Altkatholiken für nichtig.

Die deutschen Länder Preußen, Baden und Hessen erkannten die Altkatholiken sehr bald als Religionsgemeinschaft an. Bayern folgte 1920. In Deutschland gibt es heute über 30 000 Mitglieder der Altkatholischen Kirche, in der Schweiz sind es knapp 20 000, in Österreich 25 000. Die größte altkatholische Gemeinde mit 85 000 Mitgliedern hat Polen, zu ihr gehört auch die mit 250 000 Anhängern noch weit größere »polnisch-nationale Kirche« im Exil in den USA. Weltweit gibt es 650 000 Altkatholiken. Seit 1889 sind die altkatholischen Landeskirchen in der Utrechter Union zusammengeschlossen. Die meisten sind Mitglied des Ökumenischen Rates der Kirchen und haben sich 1931 mit der anglikanischen Kirchen zu einer Abendmahlsgemeinschaft verbunden.

Baptisten

In Erinnerung an das Schreckensregiment der Wiedertäufer im 16. Jahrhundert versuchten die Kirchen Gruppierungen mit ähnlichen theologischen Grundsätzen dadurch zu ächten, dass sie entsprechend von »Baptisten« (Täufern) sprachen. Das begriffen die Betroffenen als Ehre, denn im Mittelpunkt ihres Bekenntnisses steht tatsächlich die Erwachsenentaufe, weil ihrer Meinung nach nur jemand Christ sein kann, der die Taufe im vollen Bewusstsein empfange. Das bloße Besprengen des Täuflings reicht ihnen nicht aus; sie wollen durch Untertauchen der ganzen Person den Menschen zur Gänze symbolisch reinigen. Die Freiwilligkeit der Entscheidung zum Christsein ist daher Dreh- und Angelpunkt aller baptistischen Richtungen, von denen es eine große Anzahl gibt, nämlich 135 mit weltweit rund 35 Millionen Anhängern. Diese Freikirchen bilden damit die größte aller christlichen Sondergruppen.

Erwachsenentaufe der Baptisten in Ungarn. Foto um 1910.

Der Baptismus ist anglo-amerikanischer Herkunft. Er entwickelte sich im 17. Jahrhundert aus der englischen Bewegung der Independentisten (»Unabhängigen«). In Amsterdam vom ehemaligen anglikanischen Geistlichen John Smith 1608 gegründet, propagierten und praktizierten sie nur die Erwachsenentaufe. In London bildeten sich Ableger mit calvinistisch-puritanischer Ausrichtung. »Puritanisch« kommt von lateinisch *puritas* (Reinheit) und bezeichnet das Ziel der religiösen Gruppe, die Kirche von katholischen oder, wie sie sagten, »papistischen« Verfälschungen zu reinigen. Das zielte auf die anglikanische Staatskirche und führte zu entsprechender Verfolgung der Puritaner, die 1620 nach Amerika auswanderten, daher »Pilgerväter« genannt. Sie bildeten in der Neuen Welt eine erste baptistische Keimzelle, die sich als äußerst fruchtbar erweisen sollte, sodass heute in den USA die Baptisten eine der wichtigsten evangelischen »Kirchen« stellen.

Ihr Christentum der Tat führte zu einem unbedingten Einsatz für die Sklavenbefreiung und äußert sich bis heute in sozial-karitativem Engagement und intensiver Missionstätigkeit. Ihr Unabhängigkeitsstreben und die Ablehnung jeglicher Bindung an den Staat kam und kommt dem amerikanischen Freiheitsideal entgegen. Als einzige Norm für Leben und Glauben des Christen kann es nach baptistischer Ansicht nur die Heilige Schrift geben. Deswegen ist den Baptisten ein wie auch immer gelenktes Kirchenregiment ganz fremd, die Einzelgemeinden sind selbstständig, regeln Konflikte intern und erhalten sich durch Abgaben auch selbst. Natürlich treffen sich Vertreter überregional und besprechen die sie gemeinsam betreffenden Themen, doch stets im Bewusstsein, dass die Verantwortung beim Einzelnen liegt. Zusammenschlüsse zu »associations« haben daher rein organisatorischen Charakter und keinerlei inhaltliche Weisungsbefugnis, was auch für das oberste Gremium, den »Weltbund der Baptisten« (»Baptist World Alliance«) gilt.

In Deutschland wurde die erste Baptistengemeinde durch den vom englischen Protestantismus beeinflussten Kaufmann Johann Gerhard Oncken (1800–1883) 1834 in Hamburg gegründet. Oncken stellte den missionarischen Auftrag in den Vordergrund (»Jeder Baptist ist ein Missionar!«) und gründete auf ausgedehnten Reisen baptistische Gemeinden in Holland, Russland, Schweden, Dänemark und Polen. In Deutschland schlossen sich die von ihm ins

Am 26. Dezember 1620 landeten die »Pilgerväter« mit der »Mayflower« auf Cap Cod in Massachusetts. Sie bildeten die erste Baptistische Keimzelle der Puritaner.

Leben gerufenen Gemeinden 1849 zu einem Bund zusammen, dem sich im 20. Jahrhundert weitere Gruppen anschlossen. Heute heißt die Vereinigung Bund Evangelisch-Freikirchlicher Gemeinden in Deutschland, in der Schweiz heißt sie Bund der Baptistengemeinden. Beide gehören dem Bund Europäischer Baptisten (European Baptist Federation) an. Die Zahl der deutschen Baptisten wird mit 85 000 angegeben.

Mennoniten

Ebenso im Bezug zu den Wiedertäufern stehen die Altevangelisch Taufgesinnten, nach ihrem Gründer Menno Simons (1496–1561) Mennoniten genannt. Der ehemalige katholische Geistliche aus Holland sammelte nach dem Untergang des Wiedertäuferreiches von Münster die gemäßigten Anhänger des Taufgedankens, also der Lehre, nach der nur die Bekenntnis- und mithin Erwachsenentaufe in Frage kommt. Auch in anderen Punkten zeigen sie sich kompromisslos, sie verweigern jeden Eid, lehnen Wehrdienst bedingt, die Beteiligung an kriegerischen Handlungen aber unbedingt ab und anerkennen Ehescheidung nur im Fall von Ehebruch, denn für sie ist allein die Heilige Schrift maßgeblich. Solcherart von der liberaleren Umwelt isoliert, lebten und leben sie in ihren Gemeinden in strenger Kirchenzucht. Immer wieder verfolgt, zuletzt im Dritten Reich, und intern in viele Verästelungen aufgespalten, haben sie sich dennoch zu behaupten verstanden.

Durch Zuzug von anderen Täufer-Gruppen sind in vielen Ländern beachtliche mennonitische Gemeinden gewachsen, die auf strikte Unabhängigkeit vom Staat achten. Die größte mennonitische Gemeinschaft weisen die USA auf, wo die 1683 entstandene Mennonite Church 110 000 Mitglieder zählt. In Deutschland bekennen sich rund 12 000 Menschen zu mennonitischen Gruppen, organisiert im Verband deutscher Mennoniten-Gemeinden. Weltweit gibt es etwa 700 000 Mitglieder mennonitischer Gruppen. Sie sind unter dem Dach der 1925 gegründeten Mennonitischen Weltkonferenz zusammengeschlossen, die sich an den Diskussionen im Ökumenischen Rat der Kirchen beteiligt.

Methodisten

Während des 18. Jahrhunderts entstand in der anglikanischen Staatskirche eine religiöse Erweckungsbewegung: der Methodismus. Zwei anglikanische Geistliche, John Wesley (1703–1791) und George Whitefield (1714–1770), waren die Begründer. Sie fanden große öffentliche Resonanz und sammelten eine wachsende Anhängerschaft. Ursprünglich war die Bezeichnung »Methodismus« nur ein Spottname für die geregelte Lebensführung von Wesley und seinen Freunden, die Impulse des in Deutschland sich ausbreitenden Pietismus (lateinisch: *pius* = fromm) aufnahmen. In einer Versammlung im Jahr 1738 erlebten die beiden Gründer ihre »Bekehrung«, wie sie es nannten, und begannen die »einfachen Grundgedanken des Evangeliums« in Erweckungspredigten zu verbreiten. Die anglikanische Kirche aber sah das mit Argwohn und sperrte den beiden bald die Kanzeln. Wie es aber so oft ist, machte die öffentliche Ächtung das Geächtete erst recht interessant.

John Wesley, der Begründer des Methodismus.

Man fand sich in so genannten Klassen zusammen, einer Art von Hausversammlungen, in denen unter Anleitung eines »Klassenleiters« (oft ein Laienprediger) gemeinsam die Heilige Schrift abschnittsweise »methodisch« studiert und bei denen über die praktischen Konsequenzen aus dem Studierten nachgedacht wurde. Die Methodisten betonen die Freiheit des Willens und glauben an die persönliche Offenbarung Gottes durch unmittelbare Erfahrung in der Seele. Daraus ergebe sich zwangsläufig die Bekehrung und der Wunsch, nur noch der vollkommenen christlichen Liebe zu leben. Wesley fasste die solcherart Bekehrten in feste Gruppen zusammen; die Mitgliedschaft wurde durch »tickets« bestätigt und durch vierteljährlich nachzuweisende Bewährung erneuert. Insgesamt bekennen sich heute ca. 30 Millionen Menschen zu methodistischen Strömungen, die Hälfte davon in den USA, in Deutschland sind es knapp 40 000. Dachorganisation ist der Weltbund der Methodistenkirchen mit Sitz in Genf.

Mormonen

Schon am äußersten Rand dessen, was man als christlich bezeichnen kann, steht eine amerikanische Gruppierung, die aber immer großes Interesses auf sich zieht: Dem Farmergehilfen Joseph Smith (1805–1844) wurde als 14-Jährigem in einer Erscheinung von Gott, der begleitet war von Jesus, mitgeteilt, dass alle bestehenden Kirchen »in seinen (Gottes) Augen

ein Gräuel« seien. Am 21. September 1823 übergab ihm ein Engel namens Moroni einen Stapel uralter »Goldplatten«, deren Inschriften Smith 1827 mit Hilfe einer »Prophetenbrille« entziffern konnte. So entstand das »Buch Mormon«. Danach nahm der Engel Platten wie Brille wieder an sich.

Mormon war Smith zufolge ein Prophet, der im 5. Jahrhundert n. Chr. in Nordamerika gelebt habe. Nachdem Smith von Gegnern seiner religiösen Anschauungen erschossen worden war, übernahm Brigham Young (1801–1877) die Leitung der Gemeinschaft. Er führte die Mormonen, deren Ansichten und vor allem deren Vielweiberei (Polygamie) zu Konflikten mit Staat und Gesellschaft führten, in einem »langen Marsch« über 1700 Kilometer in das unwirtliche Tal des Großen Salzsees.

Gründer der Mormonen war der Farmergehilfe Joseph Smith. 1844 wurde er von aufgebrachten Gegnern seiner Lehre erschossen.

Die Gemeinschaft – Eigenbezeichnung seit 1838: Kirche Jesu Christi der Letzten Tage – verwandelte die Wüste in eine Kulturlandschaft mit dem geistigen und politischen Zentrum in Salt Lake City. Nachdem die Mormonen 1890 offiziell der Polygamie abgeschworen hatten (die entsprechende Offenbarung blieb gleichwohl in Kraft), wurde das Gebiet 1896 als Bundesstaat Utah in die USA aufgenommen.

Kern der mormonischen Lehre ist die Auffassung, dass die Weltentwicklung unter dem »Gesetz des Fortschritts« stehe; Auflehnung dagegen ist das Wesen der Sünde. Christus, der »ältere Bruder« aller Menschen, hat den Plan der »irdischen Fortschrittsschule« aufgestellt. Ähnlich wie bei den Anhängern Calvins gilt bei den Mormonen daher weltlicher Erfolg als Zeichen der zu erwartenden Seligkeit, was vorzüglich in das kapitalistische Leistungsprinzip in den USA passt. Die Mormonen verstehen sich als auserwähltes Volk Gottes und legen wegen dieses Sendungsbewusstseins großen Wert auf Mission, die ihre Anhängerschaft (nach eigenen Angaben) auf heute 10 Millionen weltweit hat anwachsen lassen. In Deutschland bekennen sich 36 000 Menschen zum Mormonentum, das kirchlicherseits wegen der Verfälschung biblischer Aussagen entschieden abgelehnt wird.

Neuapostolische Kirche

Zu allen Zeiten gab es christliche Gruppen, die mit der unmittelbar bevorstehenden Wiederkunft Christi rechneten. So auch die Katholisch-Apostolischen Gemeinden zu Beginn des 19. Jahrhunderts in England. Sie wollten daher zur Vorbereitung darauf Zustände wiederherstellen, wie sie zur Zeit der Urgemeinde bestanden hätten. Dazu gehörte auch die erneute Berufung von Aposteln. Da das erwartete endzeitliche Ereignis aber ausblieb, erlahmte die Bewegung und wurde um 1860 von einigen wenigen Außenseitern fortgeführt. Diese beriefen weiter Apostel und nannten sich seit 1907 Neuapostolische Kirche. Die Apostelversammlung wählt aus ihrer Mitte einen Stammapostel, der wiederum neue Apostel (heute etwa 250) ernennt.

Die Gemeinschaft ist davon überzeugt, durch die Apostel, die von Christus selbst eingesetzt würden, die einzige Kirche zu sein, die das Werk des Gottessohnes zu Ende führe. Denn die Apostel allein verstünden, die Heilige Schrift richtig auszulegen und erführen neue göttliche Wahrheiten. Durch das neben Taufe und Abendmahl dritte Sakrament der »Siegelung« werden die Mitglieder der Neuapostolischen Kirche (durch Handauflegen) direkt mit dem Heiligen Geist verbunden. Sie erhalten so die Gewissheit, nicht nur nach dem Ende der Welt einen sicheren Platz an der Seite Gottes zu bekommen, sondern bereits im Diesseits unter dem besonderen Schutz des Heiligen Geistes zu stehen. Global lassen sich etwa 9 Millionen Anhänger dieser Lehre feststellen, davon 400 000 in Deutschland. Die Amtskirchen stehen der Neuapostolischen Kirche ablehnend gegenüber, weil sie durch das Apostelamt für die Gläubigen den direkten Heilsweg versperrt sehen.

Quäker

Wie so viele tief religiöse Gruppierungen kommen auch sie aus der englischen Staatskirche: Die vom einstigen Schuhmacher George Fox (1624–1691) gegründete Gesellschaft der Freunde (»Society of Friends«) folgte seiner Ansicht, dass allein das »innere Licht«, die als Stimme des Gewissens geoffenbarte Liebe Gottes, zur Erlösung führen könne. Die in Westmoreland entstandene Gemeinschaft nannte sich daher auch »Kinder des Lichts«, wurde aber bekannter unter dem Spottnamen »Quäker« (von englisch *quake* = zittern), weil ihre ekstatischen Praktiken sich oft in heftigen Zuckungen beim Ringen um die rechte innere Erleuchtung äußert. Die eigene Gottschau und die radikale Fried-

Einer der wichtigsten Gründerväter der Quäker war William Penn, der 1681 den Staat Pennsylvania begründete. Eher die Ausnahme im damaligen Amerika war sein respektvolles Verhalten den Indianern gegenüber.

fertigkeit, der sich die Quäker verschrieben, musste zur Entfremdung von der Staatskirche und damit zu allerlei Schikanen führen.

Fox hatte in seiner späteren Frau Margaret Fell und vor allem in William Penn (1644–1718) wichtige Helfer gefunden, wobei Penn derjenige wurde, der die Quäker vor der Verfolgung nach Amerika führte und dort nach ihren religiösen Grundsätzen 1681 den Staat Pennsylvania begründete. Sein auf Menschenliebe und Güte beruhender guter Kontakt zu den Indianern trug ihm hohe Achtung ein, ebenso sein kompromissloser Kampf gegen die Sklaverei. Quäker-Gottesdienste zeichnen sich durch »schweigende Andacht« aus, während der die Gläubigen darauf warten, dass einer von ihnen von der inneren Erleuchtung ergriffen wird und aus ihr heraus zu den anderen spricht. Ein offizielles Predigeramt gibt es bei ihnen daher genauso wenig wie ein durchgeformtes Lehrgebäude.

Dieser absolute Spiritualismus mündet zwangsläufig in einen sittlichen Rigorismus, der auf Sakramente verzichtet und der sich in der tatkräftigen Hilfe für den Nächsten äußert. Unbedingte Wahrhaftigkeit, Verzicht auf privaten Luxus, Alkohol- und Nikotinabstinenz sowie Verweigerung jeglichen Dienstes mit der Waffe gehören zu den Eckpfeilern quäkerischen Lebens. In aller Welt haben sich die Quäker durch selbstlose Hilfsprogramme für Flüchtlinge und Notleidende einen guten Namen gemacht. Dafür erhielt ihre Organisation, das Friends World Comitee, 1947 den Friedensnobelpreis. Er würdigte in besonderer Weise die Hilfe, die Quäker-Gemeinden nach dem Zweiten Weltkrieg dem darbenden Europa in Form von CARE-Paketen leisteten. Insgesamt gibt es 250 000 Quäker, davon ein Drittel in den USA. Hierzulande zählt man eine kleine Gruppe von 450 Quäkern.

Zeugen Jehovas

Im Jahr 1881 gründete der amerikanische Kaufmann Charles Taze Russell (1852–1916) die nach seiner seit 1879 erscheinenden Zeitschrift so genannte Wachtturmgesellschaft (Zions Watch Tower Tract Society). Seit 1903 gibt es auch einen deutschen Zweig, zunächst »Ernste Bibelforscher«, seit 1931 »Zeugen Jehovas« genannt. Bibelstudium hatte Russell zu einer weitgehenden Ablehnung christlicher Lehren geführt und zu einer Konzentration auf die rätselvollen Aussagen der Offenbarung des Johannes (Apokalypse). Er deutet sie so, dass sich Gottes Heilsplan in drei Stufen vollziehe: Schöpfung bis Sintflut, Sintflut bis zum Reich Gottes im Himmel unter dem König Jesus im Jahr 1914, der bald darauf in einem Endkampf (Harmagedon) alle Feinde Jehovas niederwerfen und das »Tausendjährige Reich« des Paradieses auf Erden errichten werde; nach abermaligem Kampf mit den »Satansmächten« beginne das »Ewige Reich«.

Zunächst war für das Jahr 1914 die tatsächliche Wiederkehr Christi erwartet worden. Als sie ausblieb, wurde das Datum mehrfach korrigiert und die Voraussage schließlich so gedeutet, dass Christus eben doch schon 1914 gekommen sei, nur sei er noch verborgen. Dreifaltigkeit, Sakramente und andere zentrale christliche Überzeugungen lehnen die Zeugen Jehovas als »unbiblisch« ab. Politisch verhalten sie sich neutral, verweigern aber jeglichen Eid und allen staatlichen Dienst, vor allem den mit der Waffe. Da sie sich als direkt Gott unterstellt verstehen, ist Dienst für eine irdische Macht für sie undenkbar. Das hat ihnen etwa in der Zeit des Dritten Reiches schwere Verfolgungen eingetragen, als viele ihrer Glaubensgenossen in Konzentrationslagern mit Häme überschüttet, gequält und zu Tausenden ermordet wurden. Ihre durch Hausbesuche und den Straßenverkauf der Zeitschrift »Der Wachtturm« betriebene Mission hat die Gemeinschaft auf knapp 3 Millionen Anhänger weltweit wachsen lassen, davon leben 165 000 in Deutschland.

Gegenüberliegende Seite: Die Rolle der Kirche zu Zeiten der Inquisition war zweifellos nicht geprägt von Toleranz und Nächstenliebe. Folter und Hinrichtungen waren an der Tagesordnung.

X Ökumene

Der Gedanke beschäftigte schon die Reformatoren und wurde drängender mit jeder Absonderung von neuen Kirchen und Sondergruppen: Wie lässt sich die Verkündigung des einen Christus glaubwürdig vermitteln, wenn die, die sich zu ihm bekennen, untereinander uneins, ja manchmal heillos zerstritten sind? Im 19. Jahrhundert wurde diese Sorge zum Impuls für die Gründung einer konfessionsübergreifenden Bewegung, die sich um die Überwindung des Trennenden um des Gemeinsamen willen bemüht. Ausgehend von der reformierten Kirche, nannte sich die Strömung »ökumenische Bewegung« nach dem griechischen Wort »Oikoumene«, das die menschenbewohnte Welt bezeichnet. Ökumenisch ist alles Christentum von seinem Wesen her schon angelegt nach der Missionsweisung Christi bei der Himmelfahrt, »alle Völker« zu taufen und ihnen die frohe Botschaft (das Evangelium) zu bringen. Sein Wort wollte er eben nicht beschränkt sehen auf das »auserwählte Volk« des Alten Testaments.

In dem Maße, wie sich die frühe Kirche ausbreitete, war sie auch um ihre Einheit besorgt; Glaubensstreitigkeiten waren Gegenstand von Konzilien, auf denen oft erfolgreich wie in Nicaea 325 um Kompromisse gerungen wurde. Auch diese Bischofsversammlungen hießen »ökumenisch« eben wegen des Bemühens um Überwindung von Differenzen im weltweiten Christentum. Das wurde mit der Zeit und mit der wachsenden Schar der Gläubigen in immer mehr Ländern immer schwieriger und führte dazu, dass die Kirche tatsächlichen und angeblichen Gefahren für ihre Einheitlichkeit mit zunehmend fragwürdigeren Mitteln begegnete: Da wurde schon mal zu den Waffen gegriffen, wenn Abtrünnige anders nicht von der offiziellen Version zu überzeugen waren und da schreckte die Glaubenspolizei der Inquisition auch nicht vor Folter und Hinrichtungen zurück. Kirche war Amtskirche geworden und damit zu einem Machtfaktor, den die Funktionäre vom Priester bis zum Papst nicht geschwächt sehen wollten. Und die Kaiser und Könige meistens ebenso wenig, Kirche war auch Stütze ihrer Herrschaft.

Inhaltlich griffen die Kirchenführer zu immer genaueren Beschreibungen dessen, was als rechtgläubig gelten konnte und was als ketzerisch anzusehen war. Die Formulierung von Glaubenssätzen, die ursprünglich dazu gedacht waren, sich der Einheit der Verkündigung zu versichern, bewirkten mehr und mehr das Gegenteil: Abweichende, aber lebendige Traditionen wurden von der Kirche gekappt, Rechtgläubigkeit und Glaube gerieten in Gegensatz, nicht von der Kirche Verordnetes konnte nur eine Irrlehre sein. Wo solche Abweichungen sich von amtlichen Verurteilungen nicht beeindrucken ließen, kam es daher zu Abspaltungen, weil die Vielfalt in der Kirche selbst immer weniger lebbar geworden war.

Leiden unter dem Verlust der Einheit

Schon das Wegdriften und schließlich die tatsächlich vollzogene Trennung der Ostkirchen von der Papstkirche erschütterte das auf Einheitlichkeit angelegte Selbstbild nachhaltig. Zu einem Erdbeben wurde dann die Reformation, die so schmerzte, dass die Gegenwehr zu einem Glaubenskrieg entartete. Der Frieden zwischen den Konfessionen war nur über Leichenberge möglich. Doch nicht nur Rom hatte unter den Abspaltungen gelitten, auch die abgetrennten neuen Kirchen freuten sich nicht nur der neuen Freiheit, sondern trachteten schon um der Mission willen nach Verbindendem, was in der eingangs des Kapitels genannten ökumenischen Bewegung zum Ausdruck kam. Sie zog die Lehre aus den bitteren Erfahrungen und bemühte sich ohne Verketzerung des jeweils anderen um den Brückenschlag.

Mehrere Tendenzen hatten die Bewegung vorbereitet: Der Humanismus (von lateinisch *humanus* = menschlich) und die reifende Wissenschaft hatten gezeigt, wie relativ Glaubenssätze sind, wenn man sie kritisch befragt. Toleranz, wie sie die Geistesströmung der Aufklärung im 18. Jahrhundert forderte, war die logische Schlussfolgerung aus dieser Erkenntnis. Das bedrohte zwar die Verbindlichkeit der Lehre der Kirchen und ihren Anspruch auf alleinigen Besitz der Wahrheit, doch es setzte dafür lebendige Kräfte der Frömmigkeit frei, die auf eine allgemeine, das Trennende hintanstellende Brüderschaft in Christo drängten. Gegenüber einer Welt, für die Christentum immer weniger selbstverständlich wurde, konnten die Christen ein neues Selbstbewusstsein nur gemeinsam finden. Die Fortsetzung des Streits hingegen würde den Kirchen immer mehr Menschen entfremden. Dabei haben sie doch etwas Unschätzbares anzubieten: Die Ausfüllung der trotz Wissenschaft und der als Ultima Ratio als letzte Gewissheit aufs Podest gestellten Vernunft immer weiter klaffende Sinnlücke durch eine Botschaft der Liebe.

Gefahr erkannt, Gefahr gebannt – diese Gleichung gilt dort nur sehr bedingt, wo kurzfristige Vorteile die Sicht verstellen. Die Ökumeniker jedenfalls kamen nur im Schneckentempo voran: Zunächst bildeten sich Bibelgesellschaften zur Vereinheitlichung der Übersetzungen, dann kam es zu Konferenzen der Missionsgesellschaften, denn gerade nach außen beschädigte der konfessionelle Streit den Erfolg. 1914 entstanden ein »Weltbund für internationale Freundschaft der Kirchen« und ein »Internationaler Versöhnungsbund«, beide jedoch Opfer der Explosion des Hasses im Ersten Weltkrieg, der auch den kirchlichen Dialog schwer in Mitleidenschaft zog. Danach knüpfte man daher an dem Punkt an, der am ehesten Einigkeit möglich zu machen schien: 1921 entstand der »Internationale Missionsrat«.

1925 folgte der nächste Schritt mit dem Zusammentritt der »Allgemeinen Konferenz der Kirche Christi für praktisches Christentum« unter Vorsitz von Nathan Söderblom (1866–1931), Erzbischof von Uppsala. Die Teilnehmer klammerten bewusst theologische Detailprobleme aus und konzentrierten sich auf die Frage der christlichen Verantwortung gegenüber den Problemen des industriellen, sozialen, politischen und internationalen Lebens. 1930 mündete die Konferenz in die Gründung eines »Ökumenischen Rates für praktisches Christentum« mit Sitz in Genf, also in der Stadt, in der auch der Völkerbund tagte. An Erfolglosigkeit standen Völkerbund und Ökumenischer Rat einander nicht nach, denn sie sahen sich gleichermaßen mit dem Aufkommen aggressiver Mächte konfrontiert, gegen die ihre Instrumente stumpf waren. Mit Dialog waren Despoten wie Hitler, Stalin oder Mussolini nicht zu beeindrucken.

Weltkirchenrat

An ihnen zerrieb sich auch ein anderer Zweig der ökumenischen Bewegung, die 1927 zusammengetretene »Weltkonferenz für Glauben und Kirchenverfassung«, die sich allerdings auch an kontroversere theologische Themen wagte, zunächst nur in Form einer Bestandsaufnahme des Trennenden und des Gemeinsamen. Die ersten Versuche, Gräben zu überwinden, die 1937 gemacht wurden, zeigten dann den ganzen Abgrund der Differenzen. Immerhin kam es zum Beschluss, angesichts der Bedrohung der Religion durch die totalitären Staaten beide ökumenischen Bemühungen zu vereinen. Der dazu gegründete »Vorläufige Ausschuss« kam aber wegen des Zweiten Weltkriegs vorerst nicht zum Zuge. Erst 1948 konnte in Amsterdam die Gründungsversammlung des »Ökumenischen Rates der Kirchen« (ÖRK) abgehalten werden, der auch kurz als Weltkirchenrat bezeichnet wird.

Er hat sich trotz der unverändert erheblichen Unterschiede im Glaubensverständnis als relativ stabile Größe erwiesen und umfasst heute 339 Mitgliedskirchen. Auf der Vollversammlung 1954 im amerikanischen Evanston wurde der Wille zu weiterer Zusammenarbeit bekräftigt. 1961 in Delhi stellte man mit dem Thema »Christus – das Licht der Welt« erneut die Mission in den Mittelpunkt. 1966 veranstaltete der ÖRK in Genf eine »Weltkonferenz für Kirche und Gesellschaft«. Themen weiterer Vollversammlungen waren u. a.: »Siehe ich mache alles neu«, »Jesus Christus, das Leben der Welt, »Jesus Christus befreit und eint«. Gerade aber Letzteres harrt bis heute der Erfüllung und wird eigentlich auch nicht mehr in der Form erwartet, dass es irgendwann einen Zusammenschluss aller geben könne. Man versteht sich als »Ein-

Bischof Dibelius (links) und Mitglieder des ÖKR 1961.

heit in versöhnter Verschiedenheit«. Oder mit der Selbstbeschreibung gesagt: Der ÖRK sieht sich als »Gemeinschaft von Kirchen, die sich zu Jesus Christus gemäß der Heiligen Schrift bekennen und darum gemeinsam zu erfüllen trachten, wozu sie berufen sind.«

Die römisch-katholische Kirche stand der ökumenischen Bewegung lange äußerst skeptisch gegenüber und zog sich auf die Position zurück, dass die Fülle der Wahrheit und die Einheit in ihr bereits verwirklicht sei. Ökumene könne nur in der Rückkehr der anderen unter das Dach der katholischen, also der allgemeinen und allein selig machenden Papstkirche erfüllt werden. Erste Anzeichen für eine Wandlung dieser starren Haltung gab es in der 1928 veröffentlichten Enzyklika »Mortalium Animos« (den Seelen der Sterblichen), in der wohlwollende Neutralität signalisiert wurde. Papst Pius XII. (1939–1958) gestattete dann die Teilnahme an den ÖRK-Konferenzen, stellte zugleich aber unmissverständlich den katholischen Alleingültigkeitsanspruch heraus. Erst Johannes XXIII. (1958–1963) setzte mit der Ankündigung eines »Ökumenischen Konzils« neue Akzente.

Das Konzil selbst beschäftigte sich ausführlich mit der Einheit der Kirchen und verfasste ein Dekret über den »Ökumenismus«, das immerhin ein Dialogfenster öffnete: Trotz geschichtlicher Spaltung, hieß es, sei die Einheit des Leibes Christi durch Taufe und Gnadenwirken des Geistes wesentlich gewahrt. Auch außerhalb der sichtbaren Grenzen der katholischen Kirche gebe es »viele und bedeutende Elemente, aus denen die Kirche erbaut wird«. Dieser

Papst Pius XII. während der Zeremonien in der Sixtinischen Kapelle anlässlich seines 9. Krönungsjubiläums.

Hoffnungsschimmer erhielt allerdings im Jahr 2000 einen erheblichen Dämpfer, als Kardinal Ratzinger mit Billigung von Papst Johannes Paul II. in der Erklärung »Dominus Jesus« (Herr Jesus) erneut den Kirchencharakter der anderen christlichen Religionsgemeinschaften bestritt und nur ihre Rückkehr in den römischen Schoß als mögliche Ökumene anerkannte.

Reformierbarkeit und Bereitschaft zum kritischen Dialog, das weiß natürlich auch Kardinal Ratzinger, braucht jede Gemeinschaft. Dass sich eine zwei Jahrtausende alte Organisation da schwerer tut als jüngere Gemeinschaften, nimmt nicht Wunder. Sie hat Rücksichten zu nehmen auf alle in ihr wirksamen Strömungen und muss daher in Geduld auf die Stunde warten, da Anhänger, Geistlichkeit und ihre Führung reif für Neues sind.

Glaubensüberzeugungen und Ideologien werden durch die Welt verändert, verändern aber auch ihrerseits die Welt. Ohne den 2000 Jahre währenden prägenden Einfluss der Weltreligion des Christentums hätte nicht nur das von diesem Glauben geformte Abendland, sondern die gesamte Erde ein anderes Antlitz.

Papst Johannes Paul II.

Register

G

H

I

J

K

L

M

N

O

P

Q

R

S

T

U

V

W

Y

Z

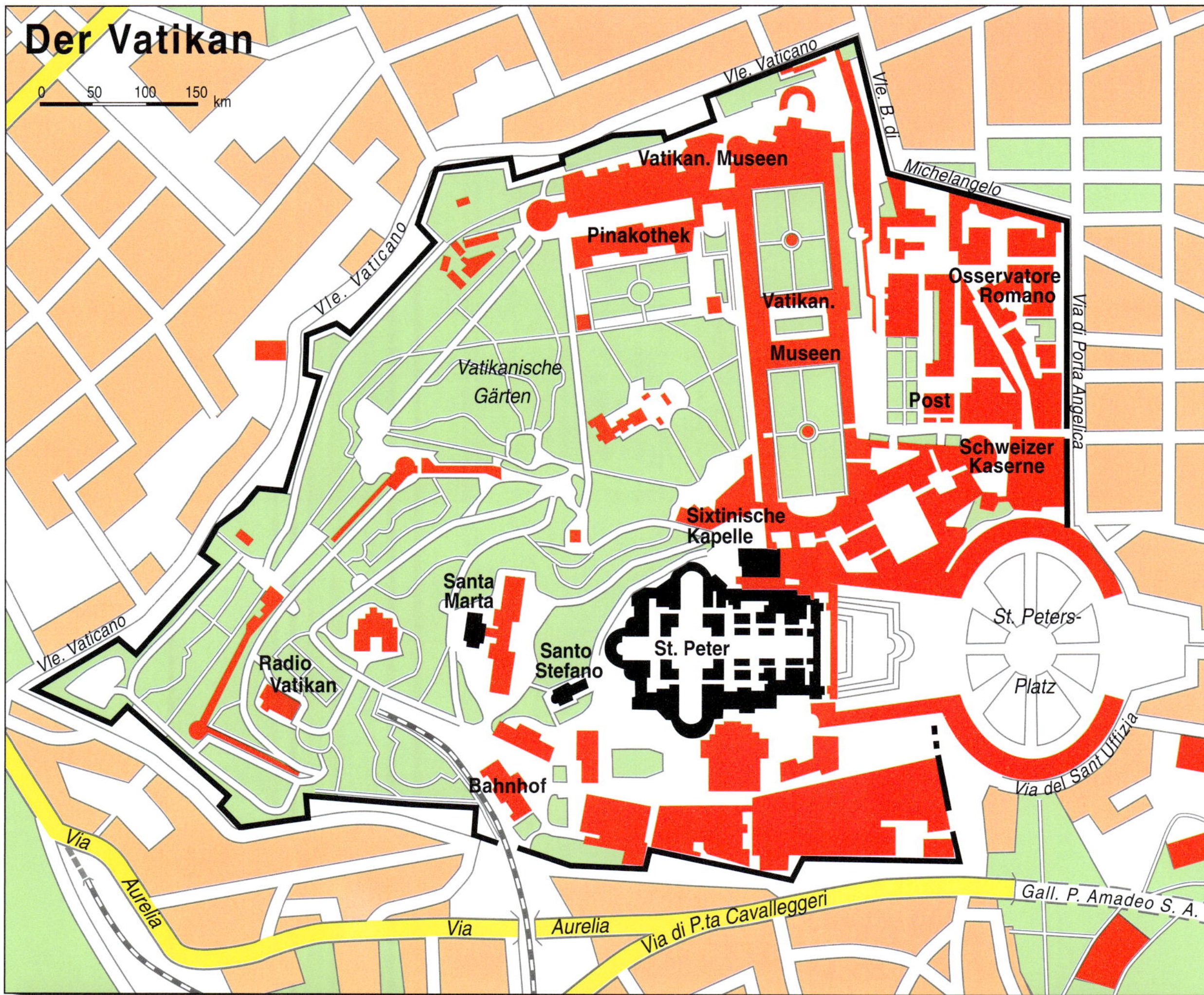

Hinweis

Altes und Neues Testament sind die schriftliche Grundlage der christlichen Lehre. In diesem Buch werden die Texte zitiert nach der Ausgabe »Die Bibel nach der Übersetzung Martin Luthers« auf der Grundlage der zuletzt 1984 revidierten Fassung, herausgegeben von der Deutschen Bibelgesellschaft Stuttgart.

Bildquellenverzeichnis

Silvestris, Kastl: S. 2, 59, 80, 81, 83, 88, 92
Alle übrigen Abbildungen: Archiv für Kunst und Geschichte, Berlin
Karten S. 6, 11, 24, 54, 61, 65, 72, 78, 100, 104, 128: Ingenieurbüro für Kartographie J. Zwick, Gießen